Der Havel-Radweg

Von Waren (Müritz) nach Gnevsdorf

401 km

Axel von Blomberg / Kai-Uwe Thiessenhusen

grünes herz

Trotz gewissenhafter Bearbeitung kann eine Haftung für den Inhalt nicht übernommen werden. Für aktuelle Ergänzungen und Anregungen ist der Verlag jederzeit dankbar. Wir bedanken uns bei allen, die uns unterstützt haben.

Impressum

© 2016–2020 Verlag *grünes herz*® Dr. Lutz Gebhardt & Söhne GmbH & Co. KG
Am Hang 27–28, 98693 Ilmenau
Tel.: 03677 / 46628-0, Fax: 03677 / 46628-80
www.gruenes-herz.de

Fotos: Axel von Blomberg, außer Seiten 10, 13, 14, 20, 32, 38, 42–46, 50 rechts, 69, 73, 86–89, 92, 94, 98, 101, 116: Kai-Uwe Thiessenhusen; Seite 70: Lutz Gebhardt, Seite 104: Gerhard Baack, Wittenberge

Layout, Satz: Sibylle Senftleben
Schrift: Franklin Gothic Book
Redaktion: Anette Cotta
Kartographische
Ausführung: mr-kartographie, Gotha
Druck: Alliance Print, Sofia

2. Auflage August 2020

ISBN 978-3-86636-139-3

Titelfotos: links: Wesenberg, Woblitzsee
Mitte: Potsdam, Nikolaikirche
rechts: Brandenburg an der Havel, Dom St. Peter und Paul
Seite 1:   Entlang des Vosskanals

Inhalt

		Seite
Impressum		2
Inhalt		3
Legende		4
Einführung		5
Anreise		9

Der Havel-Radweg von Waren (Müritz) zur Havelmündung (401 km)

1. Etappe: Von Waren (Müritz) nach Kratzeburg (39,3 km) — 10
Karte 1: Waren (Müritz)–Kargow — 11
Karte 2: Groß Dratow–Friedrichsfelde — 15
Karte 3: Freidorf–Kratzeburg — 17
Karte 4: Granzin–Kakeldütt — 19

2. Etappe: Von Kratzeburg nach Fürstenberg/Havel (49 km) — 20
Karte 5: Zwenzow–Wesenberg — 21
Karte 6: Wesenberg–Neu Canow — 23
Karte 7: Neu Canow–Großmenow — 25
Karte 8: Großmenow–Fürstenberg/Havel — 27
Karte 9: Fürstenberg/Havel–Bredereiche — 29

3. Etappe: Von Fürstenberg/Havel nach Oranienburg (74,7 km) — 30
Karte 10: Kreuzkrug–Zabelsdorf — 33
Karte 11: Zabelsdorf–Havelstadt Zehdenick — 35
Karte 12: Havelstadt Zehdenick–Krewelin — 37
Karte 13: Bischofswerder–Liebenwalde — 39
Karte 14: Bernöwe–Friedrichsthal — 41
Karte 15: Friedrichsthal–Borgsdorf — 43

4. Etappe: Von Oranienburg nach Potsdam (64,1 km) — 46
Karte 16: Borgsdorf–Hohenschöpping — 47
Karte 17: Wasserwerk Stople–Bürgerablage — 49
Karte 18: Bürgerablage – Pichelsdorf — 51
Karte 19: Weinmeisterhöhe–Wannsee — 53

		Seite
Karte 20: Wannsee–Potsdam		56

5. Etappe: Von Potsdam nach Brandenburg (57,3 km) — 62
Innenstadtplan Potsdam — 63
Karte 21: Potsdam–Geltow — 64
Karte 22: Baumgartenbrück–Phöben — 68
Karte 23: Phöben–Deetz — 71
Karte 24: Deetz–Gollwitz — 74
Karte 25: Gollwitz–Brandenburg an der Havel — 77

6. Etappe: Von Brandenburg nach Rathenow (59,4 km) — 78
Karte 26: Wilhelmsdorf–Kirchmöser — 79
Karte 27: Plaue–Havelsee — 81
Karte 28: Havelsee–Bahnitz — 83
Karte 29: Jerchel–Böhne — 85
Karte 30: Ludwigshof–Steckelsdorf mit Rathenow — 87

7. Etappe: Von Rathenow zur Havelmündung (57,2 km) — 90
Karte 31: Göttlin–Neuschollene — 91
Karte 32: Schollene–Warnau — 93
Karte 33: Warnau–Jederitz — 95
Karte 34: Jederitz–Havelberg — 97
Karte 35: Toppel–Quitzöbel — 99
Karte 36: Abbendorf–Scharleuk — 100

Abreise von der Mündung nach Wittenberge (31,3 km) — 102
Karte 37: Hinsdorf–Wittenberge — 103

Anhang/Adressen
Überregionale/regionale Informationsstellen — 105
Museen und kulturelle Einrichtungen — 106
Übernachtungsverzeichnis — 108
Ortsverzeichnis — 116
Literaturhinweise — 117
Angebote — 118

Zeichenerklärung

Eisenbahnlinie mit Bahnhof
S-/ U-Bahnlinie mit Bahnhof
Eisenbahnlinie stillgelegt
Draisinenstrecke mit Draisinenausleihstation
Industriegleis
10 Autobahn
96 Bundesstraße
Landstraße
Straße; Weg
Fähr- und Schifffahrtslinie
Landesgrenze
Grenze Natur-/Nationalpark
NSG Grenze Naturschutzgebiet (NSG)
Bebauungsfläche
Wald, Park
Garten, Grünfläche
Wiese
Sperrgebiet
99 Höhenpunkt, Berg
Steinbruch; Halde, Böschung
Großsteingrab; Hügelgrab
Wallanlage; Findling
Schutzhütte; Rastplatz
Bett+Bike - Fahrradfreundliche Gastbetriebe*
Hotel; Herberge; Jugendherberge
Campingplatz; Feriendorf
*Gastbetriebe, welche die Qualitätskriterien des ADFC erfüllen und sich somit besonders auf die Bedürfnisse von Rad fahrenden Gästen einstellen

Havel-Radweg (Hauptroute)
1,8 - mit Entfernungsangabe in Kilometer (gerundeter Wert)
Sonstiger Radwanderweg (Nebenroute)
- gute Oberfläche (Asphalt, Beton, Verbundpflaster u. ä.)
- mäßige Oberfläche (wassergeb. Decken, feste und etwas unebene Wege)
- schlechte Oberfläche (Kopfsteinpflaster, sehr holprige oder sandige Wege)
Steigung; Starke Steigung
Gefahrenstelle
D-Route 11/Ostsee - Oberbayern
Elbe-Müritz-Rundweg
Berlin-Kopenhagen
Meckl. Seenradweg
Müritz-Radrundweg
Eiszeitroute Meckl. Seenplatte
Königin-Luise-Radweg
Seen- und Kulturradweg
Tour Brandenburg
Radtouren Historische Stadtkerne (6 Radrouten durch 31 Brandenburger Städte)
Oder-Havel-Radweg
Örtliche Radrouten
Berliner Mauerweg
Europaradweg R1; D-Route 3
Börde-Radweg (Berlin-Hameln bzw. Hameln-Berlin)
Otto-Lilienthal-Radweg
Panoramaweg Werderobst

Havelland-Radweg
Altmarkrundkurs
Elberadweg/D-Route 10
Knotenpunktwegweisung
Radwegekirche
Kirche
Turm; Windmühle
Kapelle; Friedhof
Schloss, Burg; Klosterruine
Museum; Galerie
Theater; Freilichtbühne
Kulturhaus
Baudenkmal; Denkmal
Technisches Denkmal
Wehr; Schleuse
Touristinformation
Ausflugsgaststätte (Auswahl)
Imbiss; Café
Hofladen
Hotel, Pension (Auswahl)
Feriendorf
Herberge; Jugendherberge
Campingplatz; Zeltmöglichkeit
Wohnmobilstellplatz
Sportplatz
Golfplatz; Minigolf
Tennisplatz; Tennishalle
Kletterwald

Aussichtsturm
Aussichtsplattform; Aussicht
Funkturm; Windkraftanlage
Für Kfz gesperrt
Wetterstation; Sternwarte
Fahrradvermietung
Fahrradservice, -werkstatt
Akkuwechselstation (E-Bike)
Tankstelle; Autobahnraststätte
Parkplatz (Auswahl)
Freibad, Bademöglichkeit; FKK
Schwimmhalle; Erlebnisbad
Hafen; Bootsvermietung
Wasserski; Segeln, Surfen
Angeln; Kneippbecken
Wassermühle; Klärwerk
Quelle; Fließrichtung
F Fähre
Naturparkinformation
Park; Tierpark
Botanischer Garten
Hervorragender Baum
Naturdenkmal
Klinik, Krankenhaus
Sonstige Sehenswürdigkeit

Maßstab 1 : 50 000
0   500   1000   1500m

Zum Geleit

Die Autoren des spiralgebundene Radtourenführers sind erfahrene und engagierte Radfahrer, die die Route für jede Auflage mit dem Fahrrad neu abgefahren sind und sie auf ihre Qualität geprüft haben. So können sie den Wegeverlauf sowie das Sehenswerte entlang der Strecke mit hoher Fachkompetenz beschreiben. Der Verlag arbeitet außerdem eng mit den Touristinformationen und anderen Gebietskörperschaften vor Ort zusammen, um immer auf dem neusten Stand zu bleiben, auch was die Informationen links und rechts des Weges betrifft. Hinweise und neue Erkenntnisse, die noch vor Redaktionsschluss eintreffen, werden für jeden Neudruck berücksichtigt, so dass Sie ein hochwertiges Produkt als Begleiter für Ihre Radreise haben.

Zum Gebrauch des Radroutenführers:

Der Radführer ist mit detaillierten Karten im Maßstab 1:50.000 ausgestattet. In größeren Städten erleichtern Innenstadtpläne die Orientierung. Die Hauptroute ist in der Karte als markante rote Linie dargestellt. Durchgezogene Linien stehen für Asphalt, Beton u. ä. gestrichelte für wassergebundene Decken und gut zu befahrende Waldwege, während die kurz gestrichelte Signatur auf Wegabschnitte mit schlechter Oberfläche hinweist. Das gilt auch für Alternativrouten oder Abstecher zu spannenden Entdeckungen abseits des Weges, die in oranger Farbe dargestellt sind.Die Hauptroutenbeschreibung ist in grüner Schrift gesetzt. Interessantes Hintergrundwissen finden Sie in den grünen Kästen. Um die Nebenroutenbeschreibung gut von der Hauptroute unterscheiden zu können, wurde diese in blauer Farbe gedruckt, so dass man diese leicht überspringen kann, wenn man sie nicht fahren möchte.

Übernachtungen:

Speziell für den radelnden Gast bieten die Bett+Bike-Betriebe ihren Service an. Wer es schlichter möchte, fährt auf einen Campingplatz. Für beides findet sich im Anhang eine vollständige Übersicht der Einrichtungen, die sich in der Umgebung des Radweges befinden. Weitere Übernachtungen gibt es bei: ADFC-Dachgeber: www.dachgeber.de
Deutsches Jugendherbergswerk: www.djh.de
Des Weiteren haben wir für Sie eine Auswahl an Hotels, Pensionen und Ferienhäusern zusammengestellt. Außerdem stellen touristische und gastronomische Betriebe, ihre Leistungen im Anhang dar. Damit Sie wissen, an welcher Stelle Sie besondere Angebote finden, gibt es bei der Wegebeschreibung einen Querverweis auf die Seite im Anhang und umgekehrt.

Öffentliche Verkehrsmittel:
Deutsche Bahn:
DB-Radfahrer-Hotline mit Informationen zu Reiseverbindungen, Fahrplänen und Fahrpreisen: 01806 / 996633 (20 ct./Anruf aus dem Festnetz, Mobilfunk max. 60 ct./Anruf)
Verkehrsverbund Berlin-Brandenburg (VBB):
Infos zu den Fahrpreisen: www.vbb.de, Tel.: 030 / 25414-0
BVG: Tel.: 030 / 19449

im Bus keine Fahrradmitnahme möglich. In Straßen- und U-Bahn nur bei Platz Fahrradmitnahme, S-Bahn inkl. Fähre (im Rahmen freier Kapazitäten möglich)
Fahrradkarten Zone Berlin AB: 2,00 €, Zone BC: 2,30 €, Zone ABC: 2,60 €; Tageskarten Fahrrad von 4,70 € (Berlin AB) bis 6,00 € (Berlin und ganz Brandenburg). Monatskarten von 10,50 € (Berlin AB) bis 22,80 € (Berlin und ganz Brandenburg), *Stand 2020*

Wer mit der Bahn anreist, kommt mit der Linie RE 5 alle zwei Stunden von Berlin und Rostock nach Waren (Müritz). Die Züge halten auch im Bahnhof Kratzeburg, wenige Kilometer von der Havelquelle entfernt. Eine Fahrradtageskarte Nahverkehr für alle Regionalzüge der Deutschen Bahn und der meisten anderen Betreiber kostet 6 Euro.
Das Berlin-Brandenburg-Ticket (33 €, bis zu 5 Personen, Mo–Fr ab 9 Uhr, Sa/So ganztägig) gilt auch bis Neustrelitz, Kratzeburg und Waren (Müritz) in Mecklenburg.

Weg zur Havelquelle

Tipp: Besonders an den Wochenenden im Sommer können die Züge oft sehr voll sein. Es empfiehlt sich dann, bereits in Berlin Südkreuz in Richtung Norden einzusteigen. Fahrradabteile gibt es in mehreren Wagen, ein besonders großes Abteil ist in der Regel im ersten Wagen in Richtung Rostock.

Von den Bahnhöfen Wittenberge, Bad Wilsnack und Glöwen in der Nähe der Havelmündung verkehrt stündlich die Linie RE 2 der Ostdeutschen Eisenbahngesellschaft nach Berlin, und alle zwei Stunden nach Schwerin und Wismar. Von Wittenberge fahren außerdem Regionalbahnen nach Magdeburg. IC/EC-Züge (Fahrradmitnahme reservierungspflichtig) verbinden Wittenberge mit Hamburg, Berlin und Dresden sowie Waren/Neustrelitz mit Berlin und Dresden.

Die Havel

Die Havel ist ein rechter Nebenfluss der Elbe und entspringt mitten in der Mecklenburgischen Seenplatte auf nur 67 Metern über dem Meer. Die Mündung ist von der Quelle keine hundert Kilometer Luftlinie entfernt; unser gemütlicher Fluss braucht aber dafür mehr als dreimal so lang. Fontane beschreibt den Flusslauf so: „wer sich aus Kindertagen jener primitiven Schaukeln entsinnt, die aus einem Strick zwischen zwei Apfelbäumen bestanden, der hat die geschwungene Line vor sich, in der sich die Havel auf unseren Karten präsentiert."

Die Havel kommt aus Mecklenburg und kehrt (fast) dahin wieder zurück, die meiste Zeit staut sie sich durch die Mark Brandenburg. Sportboote können sie sogar im Kreis befahren, wenn sie etwas Elde und Elbe dazu nehmen. Der Fluss holt weit nach Süden aus, nimmt Berlin und Potsdam mit und führt dann eine Weile auch durch Sachsen-Anhalt. Die Havel guckt sich ganz in Ruhe die Schlösser von Oranienburg, Potsdam, Caputh, Paretz und Plaue an. Sie labt sich am Sanddorn von Petzow und sogar an den Weinbergen in Werder. Hohe Deiche, die sie einzwängen, kennt sie kaum. Madame Havel lebt ganz ungezwungen ohne Korsett. Adler, Störche, Biber und Wölfe nähren sich an ihr.

Während viele Flüsse ihren Charakter grundlegend ändern, wenn sie aus dem Gebirge ins Flachland kommen, beispielsweise sich vom munteren sauberen Bach zum industriell geprägten Kanal wandeln, lässt unsere Haveldame selbst die große Hauptstadt an ihrer feuchten Schulter abrutschen. Egal, ob wir mit dem Rad oder dem Schiff die Berliner Havel passieren, immer bleibt das Farbenspiel Grün und Blau, von ein paar roten Tupfern wie der mittelalterlichen Zitadelle in Spandau bereichert. Natürlich darf sich der Leser unsere Havel nicht als anmutige Grazie vorstellen. Sie ist nie ein plätschernder Bach. Es klappern keine Mühlen an ihr, sie springt nicht über Mauern und Wehre. Sie liebt die Moorpackungen und suhlt sich im Schlamm. Sie ist unglaublich fruchtbar, sie ist unglaublich vernetzt. Aber sie ist keine Partyqueen, sie ist eher der mütterliche Typ. Sie wirkt sehr besänftigend: nach längeren eng taillierten Abschnitten und düsteren Waldpassagen, wie zwischen Bredereiche und Zehdenick, offeriert sie ihre glänzenden Seen, die wie auf einer Perlenkette gereiht sind. Ihre Kraft liegt in der Ruhe und Masse dieser Seen. Regnet es viel, saugen sich der Wald und die Seen voll. Regnet es lange nicht, und das ist (für Urlauber erfreulich) oft der Fall, dann geben Wald und Seen das kühle Nass wieder ab.

Da, wo andere Gewässer noch jungfräulich und einsam sind, reicht unsere Havel bereits der Müritz und den Rheinsberger Seen die Hand und trägt geduldig hunderte kleine weiße Boote mit glücklichen Urlaubern, die aus dem Staunen nicht herauskommen. Damit die oft ungeübten Fahrer unsere Haveldame nicht versehentlich die Schilfhalme ausreißen, hat man ihr lange Zöpfe aus Weidenästen ans Ufer geflochten.

Die Havel ist ein Gewässer, dass von der Quelle bis zur Mündung von Wald und Wiesen begleitet wird. Die Böden sind für die Landwirtschaft nicht sehr interessant, Sand und Moor überwie-

1816 erlebte die Havel das Fauchen der Moderne, als das erste in Deutschland gebaute Dampfschiff ihren Rücken im Potsdamer Raum befuhr. Und 1842 wurde eine Dampfmaschine in einer Potsdamer Havelbucht gebaut, um die Fontäne vor Sanssouci höher spritzen zu lassen.

Der Havelradweg

Der Havelradweg folgt dem Fluss von Anfang bis Ende und ein bisschen darüber hinaus. Er ist gut zu fahren, und wenn es in Mecklenburg doch mal sandig wird, empfehlen wir dem Leser asphaltierte Alternativen. Der Weg ist gut mit der Bahn zu erreichen und oft mit anderen Radrouten vernetzt. Die Strecken sind höchstens flachwellig, Berge gibt es nicht. Der Weg verläuft größtenteils in einem Urlaubsparadies. Wer weiß, wie oft er den Fluss kreuzt? Und mit dem Fluss nimmt er die Schönheiten der Umgebung mit, Wälder, Hügel, Seen... Als Kontrast dazu Städte, uralte Kirchen, Schlösser. Langweilig wird die Landschaft nie. In dem Sinne wünschen wir schöne und erlebnisreiche Touren!

An der Schnellen Havel bei Liebenwalde

gen. Anders als bei Flüssen, die aus dem Gebirge stammen, bietet sie kaum fruchtbares Schwemmland.

Früher wurde auf der Havel getreidelt oder gesegelt, wobei die Frachter eigentlich nur mit Rückenwind segeln konnten und oft lange auf eine Winddrehung warten mussten. In Fürstenberg kann man so einen Kaffenkahn noch besichtigen.

Auflistung der Havelseen von der Havel durchflossen:

• Mühlensee • Middelsee • Großer Dieksee • Dambecker See • Röthsee • Käbelicksee • Granziner See • Schulzensee • Pagelsee • Zotzensee • Jäthensee • Görtowsee • Zierzsee • Useriner See • Großer Labussee • Woblitzsee • Drewensee • Wangnitzsee • Finowsee • Priepertsee • Ellbogensee • Ziernsee • Menowsee • Röblinsee • Baalersee • Schwedtsee

• Stolpsee • Mildenberger Ziegeleiseen • Lehnitzsee • Niederneuendorfer See • Heiligensee • Tegeler See • Stößensee • Wannsee • Jungfernsee • Glienicker Lake • Tiefer See • Templiner See • Petzinsee • Schwielowsee • Großer Zernsee • Kleiner Zernsee • Göttinsee • Trebelsee • Breitlingsee • Möserscher See • Plauer See • Großer Wendsee

In dieser Auflistung sind nicht die Seen aufgeführt, die seitlich des Flusses liegen und bei Hochwasser auch Havelwasser aufnehmen, sondern nur die, die regelmäßig durchflossen werden.

Flüsse sind Natur

Aus der Geschichtsschreibung wissen wir: Es gab schon immer Hochwasser. Auch die Bezeichnung der Medien, „Jahrhundert"-Hochwasser, ist reichlich übertrieben, wenn die Flüsse fast alle 10 Jahre über die Ufer treten und Schaden in Millionenhöhe verursachen. Die Ursachen sind vielschichtig: Klimawandel, Bebauung von Flutflächen, schleppender Ausbau des Hochwasserschutzes – es gibt so viele Ursachen, wie Meinungen dazu. Für die Flussreisenden besteht die Crux, dass sie sich ja direkt am Fluss bewegen möchten, aber die Natur eben auch auf flussnahe Radwege keine Rücksicht nimmt. Wir bitten unsere Leser, sich vor Beginn der Reise zu informieren. Die Touristiker sind bemüht, Nebenrouten auszuweisen. Bitte beachten Sie daher die örtlichen Hinweise zu Umleitungen und gesperrten Strecken. Und bitte daran denken, zuerst muss das normale Leben der Bewohner wieder hergestellt werden, bevor man einen Radweg reparieren kann. Trotzdem und gerade dann sollte man auf seine geplante Reise nicht verzichten und die Leute vor Ort unterstützen, indem man seine Fahrt antritt. Nur dann gibt es eine Chance, dass es wieder aufwärts geht.

1. Anreise Waren (Müritz)

Bahnanschluss: Regional-Express-Linie RE 5 alle zwei Stunden Richtung Berlin und Rostock mit Fahrradmitnahme; Intercity-Züge Dresden–Berlin–Rostock alle zwei Stunden (Fahrradmitnahme reservierungspflichtig);
Übernachtungsmöglichkeiten, zahlreich in allen Kategorien;
Von dort Anfahrt zur Quelle nach Ankershagen

2. Anreise Kratzeburg

Bahnanschluss: Regional-Express-Linie RE 5 nach Berlin und Rostock alle zwei Stunden mit Fahrradmitnahme Übernachtungsmöglichkeiten vorhanden; Ausgangspunkt zur Havelquelle.

3. Anreise Neustrelitz

Bahnanschluss: Regional-Express-Linie RE 5 mit Fahrradmitnahme stündlich Richtung Berlin und Stralsund, alle zwei Stunden Richtung Rostock; Intercity-Züge Dresden–Berlin–Rostock alle zwei Stunden (Fahrradmitnahme reservierungspflichtig) Übernachtungsmöglichkeiten, zahlreich in allen Kategorien von Neustrelitz nach Kratzeburg mit der Bahn und von dort Abstecher zur Quelle

Hafen in Waren an der Müritz

"mecklenburgische Interlaken", da es sich auf einer Moräne zwischen den Seen schiebt, die hier Binnenmüritz und Tiefwaren heißen.

Die **Müritz** ist Deutschlands größter Binnensee. Sie ist ca. 30 km lang und 17 km breit. Wegen dieser Maße nannten die Slawen sie Morcze, was soviel wie Kleines Meer bedeutet. Ihre natürliche Entwässerung erfolgt über die Elde zur Elbe, aber seit 1830 auch über schiffbare Kanäle zur Havel.

„Die Luft ist hier wundervoll und je nachdem wie der Wind steht, bin ich auf unserem Balkon von einer Seebrise oder von der Waldseite vom Tannenduft umfächelt." So beschrieb Theodor Fontane **Waren** 1896.

Von der Seeseite bietet das Städtchen auf dem Hügel eine sehr hübsche Ansicht. Dementsprechend gut gefüllt ist der Hafen mit Ausflüglern. Eindrucksvollstes Bauwerk ist die St.-Marien-Kirche aus dem 13. Jh. Nach einem Brand 1637 erhielt sie ihre heute viel fotografierte barocke Turmhaube.

Seit 1995 hat der Turm der St.-Marien-Kirche eine Aussichtsplattform in 45 m Höhe, die

1. Etappe

Die Havelquelle liegt in der mecklenburgischen Seenplatte. Die nächstgelegene Bahnstation heißt Kratzeburg. Der offizielle Beginn des Havel-Radweges ist jedoch bereits in **Waren** an der Müritz. Manche nennen die Stadt gern das

Tiefwaren-see
nach Neu Schloen
nach Neu Schloen
192
Turmhügel
f. Waren (Müritz)
ozartstr.
Müritzeum
Godow
WAREN (Müritz)
2,4
2
Papenberg
Kargow
Binnen-müritz
Reha-Klinik
Waupack-see
1,9
JH
Hofsee
Solar
Feisneck-
Ecktannen
Burgwall-insel
Kargow-Unterdorf
Warener
Hinberg-see
Specker Str.
4,8
see
Stadtforst-
Krummer See
Wolfskuhl-see
2,2
-tannen
Damerower Str.
Hof-see
Wienpietsch-seen
Federow
Seen
Hörspielkirche
Havel RADWEG
Müritz-
3,5
Fischadler-beobachtung
Nationalpark
Schnacken-burg
Moor-see
Warnker See
Jankersee
nach Schwarzenhof

17192 Waren (Müritz)

ⓘ Touristinformation
Tel.: 03991 / 747790

🏛 Müritzeum
Tel.: 03991 / 633680

🏛 Stadtgeschichtliches
Museum
Tel.: 03991 / 177352

Der Marktplatz von Waren (Müritz)

einen Blick über die Warener Altstadt und die angrenzenden Seen erlaubt. Die Waren (Müritz)-Information ist rechts neben der Löwenapotheke im Haus des Gastes an Marktplatz.

Müritz-Nationalpark

Auf seiner letzten Sitzung beschloss der DDR Ministerrat am 12.September 1990 die Unterschutzstellung großflächiger Gebiete, um sie dem unkontrollierten Massentourismus zu entziehen. Schon vor der Wende war hier das größte Naturschutzgebiet der DDR. Aber wie in Wandlitz war es nicht nur einfach den Tieren sondern immer auch den „hohen Tieren" vorbehalten, die dort ein Staatsjagdgebiet für sich hatten. Die vielen Wälder und Seen verhindern allzu großes Aufheizen im Hochsommer.

Die **Anfahrt** vom Bahnhof in den Ort verläuft über einen Radweg entlang der Straße auf der Herrenseebrücke über die Bahngleise. So kommen wir zum **Müritzeum** und in die Altstadt.

Das **Müritzeum** ist ein NaturErlebnisZentrum zum Entdecken und Anfassen für Groß und Klein mit Deutschlands größtem Süßwasseraquarium für heimische Fische.

Der **Havel-Radweg** ist ab Waren ausgeschildert. Von hier bis Berlin-Spandau ist er gleichlaufend mit dem **Radweg Berlin–Kopenhagen**. Gerade in Mecklenburg fehlt mancherorts die Beschilderung des Havel-Radwegs, dann einfach der von Berlin-Kopenhagen folgen.

Radweg Berlin–Kopenhagen

Von der deutschen Hauptstadt zur dänischen sind 650 Kilometer auf diesem Fernradweg zu radeln. Von Waren (Müritz) aus geht es noch nach Krakow am See und Rostock. Von dort bringt eine Fähre die Radler über die Ostsee nach Gedser. Der Radweg ist Teil der Euro-Velo-Route 7 vom Nordkap nach Malta.

Außerdem begegnen uns der **Elbe-Müritz-Rundweg** und der **Müritz-Rundweg**.

Elbe-Müritz-Rundweg

Den Elbe-Müritz-Rundweg begegnet man zu Beginn und am Ende des Havel-Radweges. Auf 410 Kilometern geht es ein Stück entlang der Elbe (Werben–Lenzen) und rund durch die Mecklenburgische Seenplatte, vorbei am Plauer See und Müritz.

Weiter geht es direkt an der Müritz. (Strandstraße, Müritzstraße und Am Seeufer).

Wir verlassen Waren auf einem gut ausgeschilderten Weg an der **Specker Straße** der rechts vorbei am **Feisnecksee** in den Nationalpark führt. Mitten im See erhebt sich eine alte slawische Ringwallanlage auf einer Insel. Am Nordufer des Sees gibt es eine Badestelle.

In **Federow** führt ein kurzer Abstecher zu einem „Fischadlersichtschirm". Der Fischadler hat hier wohl seine größte Population in Mitteleuropa. Wir erkennen ihn an seinem weißen Bauch. Aus großer Höhe stürzt er sich wie ein Pfeil ins Wasser, holt erst kurz vor dem Eintauchen sein „Fahrwerk" heraus und macht es zum Greifwerkzeug. Mit seinem Fang fliegt er nach erfolgreicher Jagd zu seinem erhöhten Fressplatz oder zum Nest, um seine Jungen zu füttern.

Die kleine **Feldsteinkirche** im Ort wird im Sommer als Hörspielkirche genutzt, sowohl Hörspiele für Kinder als auch für Erwachsene werden aufgeführt.

In **Federow** trennt sich die Strecke von der durch den Nationalpark und führt links auf meist ruhigen Straßen in hügliger Landschaft über **Kargow**, **Schwastorf** und **Groß Dratow**. Hier verlassen uns der **Mecklenburgischer Seen-Radweg** und der Müritz-Radweg.

17192 Federow

ⓘ Hörspielkirche
Tel.: 03991 / 635723
ⓘ Nationalpark-Service Müritz
Tel.: 03991 / 668849

In der kleinen Federower Kirche kann man Hörspielen lauschen.

Mecklenburgischer Seen-Radweg

Von Lüneburg nach Wolgast erstreckt sich der Radweg auf 625 Kilometern. Durch reizvolle Landschaften, vorbei an Schlösser, Gutshäuser, Kirchen, Museen und technischen Anlagen führt der Radweg durch die Mecklenburgische Seenplatte und weiter bis an die Ostsee.

Landweg bei Groß Dratow

Auch wenn die Gegend nicht so populär ist wie das direkte Müritzgebiet, ist sie doch ungemein reizvoll. In der Weichseleiszeit entstandene Hügel wechseln sich mit kleinen Seen ab. Bäume und Buschreihen geben der Landschaft eine besondere Stimmung. Hier begegnet uns auch immer wieder die Ausschilderung der **Eiszeitroute**.

Eiszeitroute

Die letzte Eiszeit (Ende vor ca. 10.000 Jahren) war Modelleur der nordeuropäischen Landschaft. Das Eis brachte Findlinge von Schweden nach Norddeutschland und hinterließ nach dem Abtauen Seen, Hügel und Moore. Auf einer Gesamtstrecke von 666 Kilometern durch die Mecklenburgische Seenplatte erfährt man anhand interessanter Schautafeln und anderer Einrichtungen viel über das faszinierende Thema unserer Erdgeschichte.

Manchmal sieht man ein befahrenes Eisenbahngleis neben der Straße. Es war Teil der Mecklenburgischen Südbahn nach Neubrandenburg. Personenzüge fahren hier schon über 40 Jahre nicht mehr, aber Güterzüge binden ein Eisenbahnschwellenwerk bei Rethwisch an, einst das größte seiner Art in der DDR und bis heute in Betrieb.

Eine alte Schmiede in **Groß Dratow** wurde zur gleichnamigen Gaststätte ausgebaut. Die nächsten Orte heißen **Klein Dratow**, **Bocksee** und **Wendorf**, bevor vorbei an **Friedrichsfelde** das Dorf **Ankershagen** erreicht ist.

2
Oberschloen
nach Klein Plasten
192
Rundling
nach Kraase
Tannenberg
125
nach Lehsten
Möllenhagen
P
Rockow
2,7
Galgenberg
74
Schwas-
torf
,4
nach Marihn
Gewerbegebiet
H
192
T
Groß
Dratow
84
Klein Dratow
Havel
Radweg
Wendorf
nach Rumpshagen
5,5
Rethwisch
Fitten-
see
103
2,4
Freidorf
H
3
87
Müritz-Nationalpark
Bock-
see
3,7

17219 Ankershagen

🏛 Heinrich-Schliemann-
Museum

Tel.: 039921 / 3252

Angebot:
Pension Seehaus
am Kreuzsee
→ Seite 118

*Das Trojanische
Pferd in Ankershagen*

Im Ort gegenüber der Kirche steht ein hölzernes Pferd, dass man besteigen kann. Aber nicht wie üblich indem man in den Sattel steigt, sondern indem man in es klettert und mittels einer Rutsche wieder verlässt. Dieses Kuriosum hat natürlich einen Hintergrund: das Trojanische Pferd. Hier in **Ankershagen** verbrachte der Troja-Entdecker Heinrich Schliemann seine Kindheit. In seinem Elternhaus, ein schöner Fachwerkbau, lädt das „einzige Schliemann-Museum der Welt" die Besucher ein. Auf dem Friedhof gegenüber direkt an der ebenfalls sehenswerten Kirche hat Schliemann seiner Mutter einen Grabstein gesetzt.

Die „**Havelquelle**" braucht man nicht lange zu suchen. Es gibt ein Betonbecken, aus dem das Wasser mit erstaunlicher Kraft hervorsprudelt, allerlei schön gestaltete Holzschilder weisen auf die Quelle hin. Die ganze Anlage stammt aus dem Jahr 2007.

Freilich ist das alles nicht so richtig echt: Wenn man nun die Gegend etwas untersucht, entdeckt man nördlich der „**Quelle**" eine bewaldete Böschung und hinter dem Dickicht, eine glitzernde Wasserfläche, die deutlich höher als das Quellbecken liegt. Aber bevor wir über die neue Quellfassung vorschnell ein negatives Urteil fällen, sei gesagt, dass der Mühlensee jetzt wieder zwei Abflüsse hat. Vor einigen hundert Jahren erhielt er künstlich einen anderen Abfluss

Vom Mühlensee fließt das Wasser in zwei Meere.

nach Zahren
nach Adamsdorf
3
N
Ankers-hagen
Wehrschloss
64
Friedrichsfelde
81
Heinrich-Schliemann-Museum
Land-schaftspark
Storchen-beobachtungsstelle
Warensberg 102
2,4
Mühlenbach
Mühlenstraße
Bergtannen
Pieverstorf
Ulmenallee
2
Bronzezeitliche Wallanlage
105
Kreutzsee
Lieper See
Lehm-see
Moor-see
Krummer See
Dambecker See
Havel
Röth-see
5,8
P
Fischräucherei
Flatterhus
Kratzeburg
Bf. Kratzeburg
3,7
0,8
Havel-quelle
Mühlensee
Wittsee
Havelquell-gebiet
Lehm-see
Tannen-see
Havel
Dambeck
Käbelicksee
Trinnen-see
Seeholz
Bornsee
Ulrichshof
Ulrichshöfer Tannen
Müritz-
Nationalpark
R'Adler-Rast u. Kanustation
Glasmanufaktur
Dünnen-holz
Dalmsdorf
2,4
Freidorf
Bornhof
87
Granziner See
4
2

17237 Kratzeburg

ⓘ Tourismusverein
Havelquellseen e. V.
Granzin 21
Tel.: 0700 / 38842835
ⓘ Kratzeburger Flatterhus
Tel.: 039822 / 29665

*Kratzeburger
Bootsverleih*

18

(nach Norden, in Richtung Ostsee) und wurde durch einen Damm vom Abfluss in die Havel getrennt. Erst durch die Maßnahme von 2007 ist die flüssige Verbindung wieder hergestellt.

Die direkten Wege an unserem jungen Fluss sind Wanderwege. Der Havel-Radweg wird über die kleine Straße nach **Pieverstorf** geführt. Im völligen Gegensatz zum noch unbedeutenden Fluss stehen die schönen Seen, die sich schon von Anbeginn an längs der Havel reihen. Siehe Auflistung Seiten 8 und 9. Wenn man die Tour in Kratzeburg beginnt, kann man den Abstecher zur Havel-Quelle radeln und dann wieder zurück nach Kratzeburg und weiter nach Granzin.

Der kleine Ort **Kratzeburg** wurde erstmals 1256 urkundlich erwähnt. Slawen und Germanen wechselten sich mit ihrer Besiedlung ab. Immerhin hinterließen die germanischen Siedler den Burgwall bei Pieverstorf – der größte seiner Art im norddeutschen Raum. Heutzutage bietet der Ort eine breite Palette an touristischen Möglichkeiten. Naturfreunde erfreuen sich an den Flugkünsten der Fischadler und können sich im Flatterhus über Fledermäuse informieren.

Tipp:

Kratzeburg liegt am **Käbelicksee**. Hier startet die Befahrbarkeit der Havel mit Kanus, daher existieren der Kanuverleih Hecht (mit Imbiss R'adler Rast). Kanu und Rad kann man gut kombinieren: wenn man nicht allzu weit abwärts paddelt, fährt man das Rad hinterher. Vielleicht rüstet man ja irgendwann mal um und verleiht nur noch den schwimmbaren Untersatz, damit das eigene Rad zum Hydrobike wird.

4
N
Damsdorf
Käbelick-see
Langhäger See
Zierz-see
Wenschsee
Gr. Eich-horst
Müritz-Nationalpark
Gottes-tannen
Fischerhaus
Blankenförde
Havel
Görtow-see
Kakeldütt
Linde
5
Roter See
Jamelsee
Havel
2,5
Havel
Granziner See
Töpferhof
Granzin
Granziner Mühle
Hennings-felde
1,4
Großer Säfkowsee
Havelbach
3,5
Pagelsee
62
Holzbrücke
3,3
Krienke
Fuchs-bruch
Zotzen-see
Kalk-ofen
Schwarzer Moor
3,7
Havel
2,8
Jäthen-see
Schulzenwerder
Babke
Schulzen-see
Roggentin

2. Etappe

Von Kratzeburg führt uns der Havel-Radweg nach Süden entlang der Straße nach Granzin. In **Granzin** lockt eine Gaststätte mit dem Namen Havelkrug. Der Krug am Haus ist aus Ton, denn Granzin ist Sitz einer Töpferei. Der kleine Abstecher lohnt.

Hinter Granzin finden sich Schienen im Wald. Das ist keine „richtige" Eisenbahn, sondern eine Bootschleppe, mit der Wasserwanderer einen kurzen unwegsamen Abschnitt überwinden können.

Der offizielle Weg führt von Granzin in Richtung Babke südöstlich am **Pagelsee** vorbei.

Abstecher:

Wer dagegen zunächst der ruhigen Nebenstraße in Richtung Krienke folgt und kurz vor dem Ort links abbiegt, kann dann den von der Havel durchflossenen, kleinen See auf einer romantischen Holzbrücke überqueren. Der Blick entschädigt für das kurze Sandstück an der Brücke.

Über Babke (schöne kleine Dorfkirche) geht es nach **Blankenförde**.

Die Havel teilt den Ort in zwei Hälften, die nördliche heißt **Blankenförde**, die südliche trägt den schönen Namen **Kakeldütt**. Woher diese Bezeichnung kommt, ist unklar. Die einen leiten ihn von „Havelbucht" ab, die anderen vermuten eine Ableitung von einem slawischen Wort für Wirbel oder Strudel. Im Ort gibt es eine schöne Dorfkirche, mehrere Gaststätten und direkt an der Havel einen Wasserwanderrastplatz mit Zeltmöglichkeit.

Ein kurzes Stück geht es noch auf ruhiger Straße in Richtung Süden, bevor wir einem straßenbegleitenden Radweg entlang einer etwas verkehrsreicheren Straße nach Osten folgen.

Nebenroute:

In **Zwenzow** gibt es die Möglichkeit, den Weg nach Wesenberg abzukürzen. Dabei im Ort

Auf der ersten langen Havelbrücke über dem Pagelsee

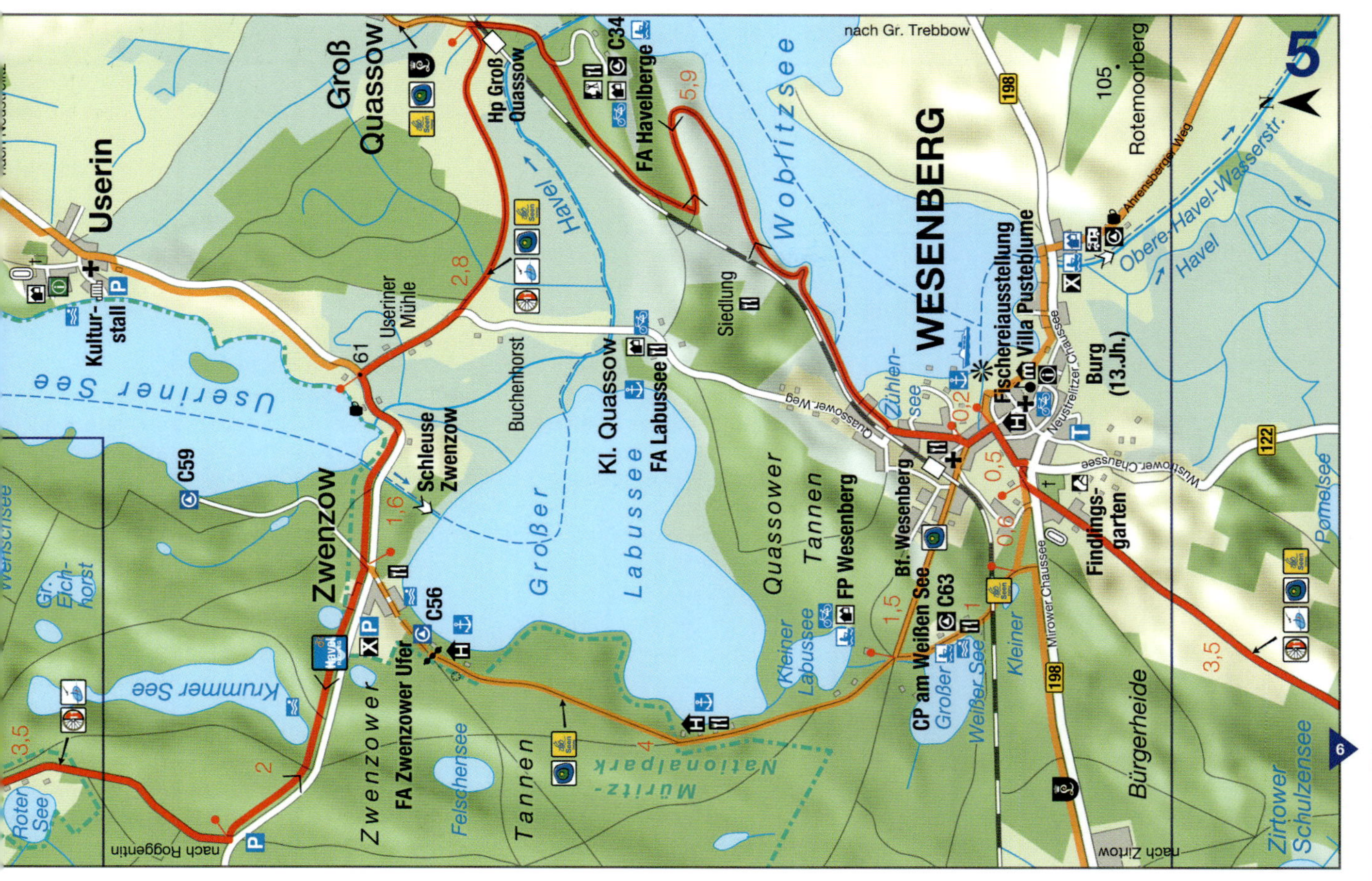

5
nach Gr. Trebbow
198
105. Rotemoorberg
Ahrensberger Weg
N
Obere-Havel-Wasserstr.
Havel
Userin
Groß Quassow
Wobbitzsee
WESENBERG
Kultur-stall
Useriner See
Hp Groß Quassow
C34
FA Havelberge
5,9
Havel
2,8
Useriner Mühle
61
Siedlung
Fischereiausstellung
Villa Pusteblume
Zühlen-see
0,2
Burg (13. Jh.)
Buchenhorst
Kl. Quassow
FA Labussee
Quassower Weg
0,5
122
Schleuse Zwenzow
1,6
Großer Labussee
Quassower Tannen
FP Wesenberg
Bf. Wesenberg
0,6
Findlings-garten
Wustrower Chaussee
Zwenzow
C59
Gr. Eichhorst
werscher See
C56
FA Zwenzower Ufer
Krummer See
Felchensee
Müritz-Nationalpark
Tannen
4
1,5
CP am Weißen See
C63
Großer Weißer See
Kleiner Labussee
Kleiner Weißer See
Mirower Chaussee
198
Bürgerheide
3,5
Pomeißee
3,5
Roter See
2
nach Roggentin
P
Zirtower Schulzensee
nach Zirtow
6

17255 Wesenberg

ⓘ Touristinformation
Wesenberg
Tel.: 039832 / 20621

🏛 Burg Wesenberg
Fischereiausstellung
Tel.: 039832 / 20621

🏛 Villa Pusteblume /
Museum für Blech-
spielzeug
Tel.: 039832 / 21305

*Der Blick von der
Burg Wesenberg*

rechts abzubiegen und der „Eiszeitroute" am Westufer des Großen Labussees nach Süden zu folgen, vorbei an mehreren Zeltplätzen und Einkehrmöglichkeiten.

Der offizielle Havel-Radweg ist deutlich länger, führt aber durch eine sehr idyllische Landschaft. Zunächst geht es von Zwenzow vorbei zur **Useriner Mühle**. Weiter führt der Weg auf einer ruhigen Straße zum **Bahnhof Groß Quassow.**
In Groß Quassow treffen wir auf eine weitere überregionale Radroute. Den **Königin-Luise-Radweg**:

Königin-Luise-Radweg

Die außerordentlich beliebte preußische Königin Luise (1776–1810) ist das Thema der 220 Kilometer langen Route. Sie verbindet Orte, an denen sich Luise aufgehalten hat oder die in anderer Weise mit ihr verbunden sind. Beginn ist Hohenzieritz und Ende in Paretz.

Vom Bahnhof Groß Quassow geht es über kurvenreiche Wege durch die idyllische Landschaft am Nordufer des **Woblitzsee**s mit Zeltplatz und mehreren Badestellen.

Der nächste größere Ort ist die Kleinstadt **Wesenberg**.

Wesenberg ist ein nettes Städtchen, sehenswert sind die Stadtkirche (Halle aus dem 15. Jh., Chor aus dem 13. Jh.) und die Burganlage mit Touristinfo und **Museum** mit vielen Exponaten zur Fischerei. Vom Burgturm hat man einen schönen Blick auf die Stadt und die umliegenden Seen. Am Weg von der Stadt direkt vor der Burg links ist die „Villa Pusteblume" mit idyllischem Gartencafé und einem kleinen Museum für Blechspielzeug und mechanische Musikinstrumente.

Der Havel-Radweg führt von der Wesenberger Innenstadt über die Straße „Vor dem Wendischen Tor" nach Südwesten, die Umgehungsstraße bei mehreren Supermärkten kreuzend auf einer ruhigen Nebenstraße nach **Drosedow**. Weiter geht es durch das „Kleinseenland" nach **Seewalde**,

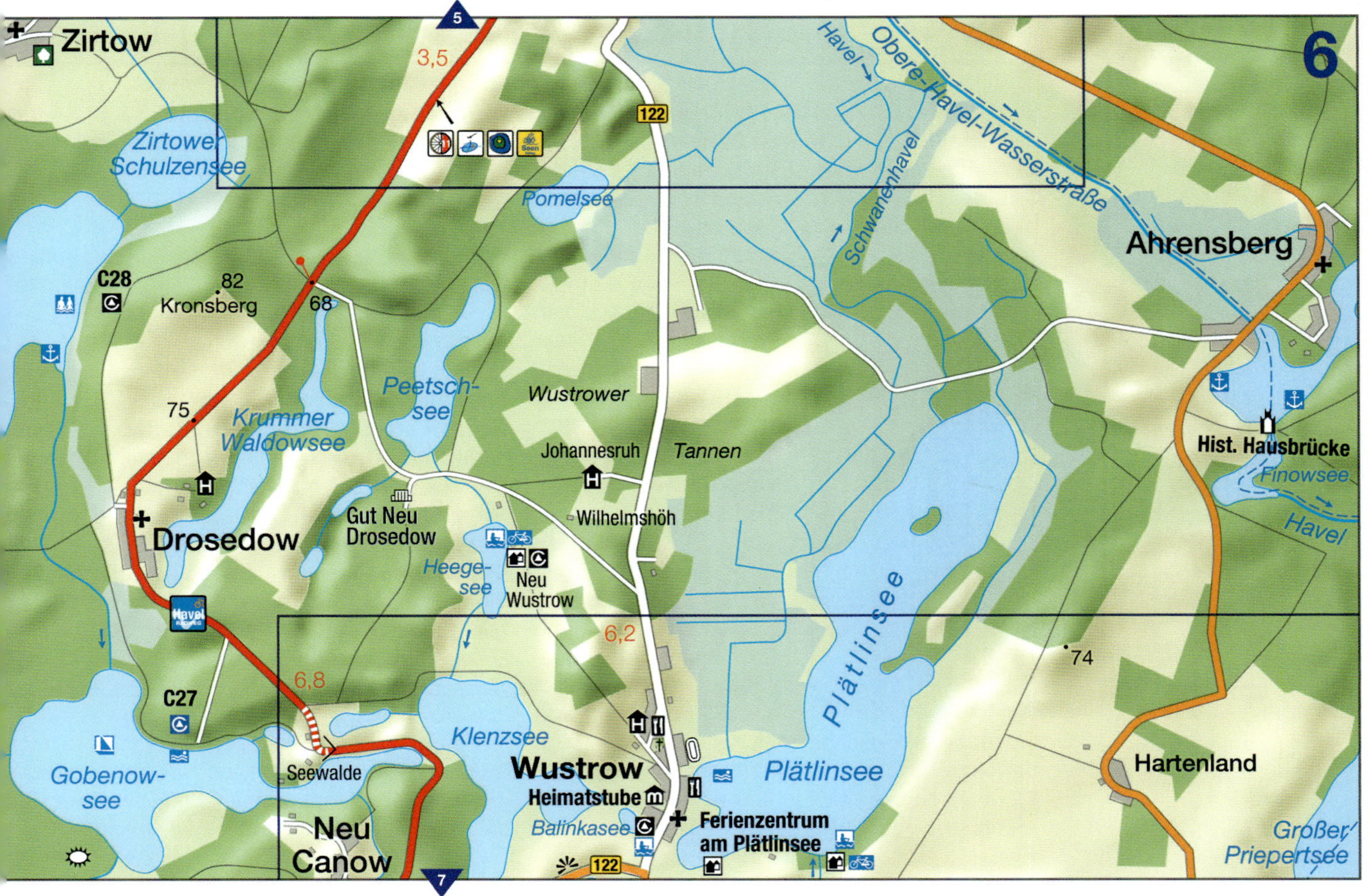

Zirtow
6
5
3,5
Zirtower Schulzensee
122
Pomelsee
Havel
Obere-Havel-Wasserstraße
Schwanenhavel
Ahrensberg
C28
82
Kronsberg
68
75
Peetsch-see
Wustrower
Krummer Waldowsee
Johannesruh
Tannen
Hist. Hausbrücke
Finowsee
Gut Neu Drosedow
Wilhelmshöh
Havel
Drosedow
Heege-see
Neu Wustrow
Havel Radweg
6,2
Plätlinsee
74
C27
6,8
Klenzsee
Gobenow-see
Seewalde
Wustrow
Heimatstube
Plätlinsee
Hartenland
Neu Canow
Balinkasee
Ferienzentrum am Plätlinsee
Großer Priepertsee
122
7

17255 Neu Drosedow
ⓘ Gut Drosedow
Tel.: 030 / 80196871

Die Hausbrücke bei Ahrensberg ist die älteste ihrer Art in Norddeutschland.

was seinen Namen zu Recht trägt, und der ruhigen Straße folgend an **Neu Canow** vorbei. Nach der Kreuzung mit der Bundesstraße 122 wendet sich der Havel-Radweg erst nach Westen, dann nach Osten und führt – teilweise über sandige und steile Waldwege – zur Straße von Wustrow nach **Strasen**. Ein kurzes Stück (ca 1,5 km) Hauptstraße von der Kreuzung nach Wustrow bleibt als Ausweg.

Alternative Nebenroute

Während der Havel-Radweg hinter Wesenberg sich zunächst weit vom Fluss bewegt, empfehlen wir eine schöne alternative Route näher am Fluss. Hierzu muss man von Wesenberg zunächst nach Osten fahren (straßenbegleitender Radweg an der Bundesstraße Richtung Neustrelitz), und bald hinter der Stadt rechts abbiegen. Eine ruhige Straße führt über Ahrensberg und **Hartenland** nach Süden. Ahrensberg bietet eine schöne Fachwerkkirche aus dem Jahr 1770.

Tipp:
In der „Alten Schmiede" kann man gut und günstig essen.

Ein lohnender kurzer **Abstecher**:
südlich von Ahrensberg wird der Fluss von einer hölzernen „**Hausbrücke**" überquert, der ältesten ihrer Art in Norddeutschland. (Etwa 500 Meter südlich des Ortes nach links abbiegen und dem Weg etwa 300 Meter folgen).
Manche Seenamen hat man sofort vergessen, andere bleiben ewig haften. So macht der **Ellbogensee** seinem Namen alle Ehre. Am See mündet die Straße in die von Priepert, der wir zwei Kilometer nach Westen bis Strasen (diverse Einkehrmöglichkeiten) folgen.

In **Strasen** wird wieder der Havel-Radweg erreicht. Auf einem ruhigen Weg geht es von dort nach Südosten, wobei die Beuge des Ellbogensees geradlinig abgekürzt wird. Am Ende des Sees wird die Landesgrenze zu Brandenburg erreicht.

6
6,2
6,8
7
nach Ahrensberg
zur B96/Neustrelitz
·74
Klenzsee
Wustrow
Heimatstube
Balinkasee
Plätlinsee
Hartenland
Großer
Priepertsee
Neu
Canow
Seewalde
Ferienzentrum
am Plätlinsee
122
Kl.
See
Priepert
Radensee
3,1
1,7
86
Reeksberg
91
Warberg
Trünnen-
see
Buch-
see
Canower
91
Buchseeberg
Strasen
X
FP Am Ellenbogensee
Ellbögensee
Heide
Pälitzhof
Kleiner Pälitzsee
66
Havel
RADWEG
Ziernsee
Tort-
see
Naturpark
Stechlin-
Ruppiner Land
Lindenhof
·84
Fleether Brück
Großmenow
C53
57
8
Kolonie
Großzerlang
Großzerlang
Großer Pälitzsee
C54
Pelzkuhl
Großer
Boberowsee
Naturpark
Stechlin-Ruppiner Land
82
18

Nach dem Anstieg im Wald hinter dem kleinen **Großmenow** kommt eine Kreuzung.

Abstecher Stechlinsee:

Wer einen Abstecher zum saubersten See Norddeutschlands machen will, kann das hier tun. An der Kreuzung nach Großmenow nach rechts abbiegen und auf den Radweg Berlin-Kopenhagen Richtung Süden. Der von Fontane ausführlich beschriebene Stechlin ist glasklar, das sagt auch sein Name: das slawische steclo bedeutet „Glas" auf Deutsch.

Zauberhafte Stimmung am Stechlinsee

In Steinförde trennen sich für ein kurzes Stück der Havel-Radweg und der Radweg Berlin-Kopenhagen. Letzterer führt südlich des Röblinsees entlang, der Havel-Radweg erreicht schnell auf ruhigen Strecken von Nordwesten her das einst zu Mecklenburg gehörende Städtchen **Fürstenberg**. Der Ort ist auch rasch mit der Bahn von Berlin aus zu erreichen und so entstand am schattig kühlen Südufer des Röblinsees eine Ansammlung von Villen reicher Berliner, die der heißen Stadt im Sommer entfleuchen wollten. Nach 1945 nutzte die Sowjetarmee diese Villen. Der Havel-Radweg berührt das Zentrum von Fürstenberg nicht direkt, ein kurzer Abstecher ist nötig.

Innenstadt Fürstenberg:

Der Bundesstraße entgeht man über die Route rechts in die **Geldener Straße/Luisenstraße** und am Bahnhof links in die **Bahnhofsstraße** abbiegen.

Fürstenberg/Havel gehörte bis 1950 zu Mecklenburg. Das ungewöhnliche Stadtwappen mit einem nackten Unterarm erinnert an das Fürstengeschlecht der Stargarder. 1292 brachte eine Brandenburgerin Land mit nach Mecklenburg, inzwischen fiel wieder Land an Brandenburg zurück. Die Stadt hat ein Schloss aus dem 18. Jh., das als Witwensitz für die Herzogin Dorothea Sophia erbaut wurde. 1913 wurde das Schloss zum Krankenhaus umgebaut und mit Neo-Rokoko-Dekor versehen. Es diente zu DDR-Zeiten

8
Naturpark Stechlin-Ruppiner Land
nach Neustrelitz
96
Thymensee
nach Altthymen
NSG Thymen
Sperr-gebiet
nach Lychen
C46
Ziernsee
Kleinmenow
Fleether Brück
Großmenow
82
Menow-see
Steinhavel-mühle
66
4
Havel
Mutter-gruppe
Ravensbrück
Himmelpforter Landstr.
0,7
60
2,1
48
Steinförde
Havel RADWEG
Bf. Fürstenberg (Havel)
Schwedtsee
Mahn- u. Gedenkstätte
Walderlebnispfad
grünes Klassenzimmer
Röblinsee
9
Kleiner Glietzensee
2,2
49
3
50
ehemalige Eisenbahnfähre
Großer
Baalensee
Siggelhavel
NSG Stechlin
Rheinsberger Str.
FÜRSTENBERG/ Havel
Peetschsee
T
Burgersee
96
Naturpark Uckermärkische Seen
nach Neuglobsow
nach Menz
Tiefenbrunn

16798 Fürstenberg/ Havel

ⓘ Touristinformation
Tel.: 033093 / 32254

🏛 Mahn- und Gedenkstätte Ravensbrück
Tel.: 033093 / 6080

ⓘ Fahrraddraisine
Tel.: 03377 / 3300850

Angebot:
Alte Reederei
→ Seite 118

Evangelische Stadtkirche in Fürstenberg/Havel

noch als Krankenhaus und Pflegeheim und steht seitdem leer, irgendwann soll dort ein Wellnesshotel entstehen. Am Marktplatz ragt ein origineller hoher Kirchturm auf. Er wurde vom mecklenburgischen Hofarchitekten F. W. Buttel (ein Schüler Schinkels) in italienischen Formen erreichtet. Die Stadt liegt sehr idyllisch zwischen dem **Röblinsee**, dem Baalensee und dem Schwedtsee an mehreren Havelarmen, die Priesterhavel, Schleusenhavel, Iserndiek, Schulhavel oder Gänsehavel heißen. Die Lage hat ihren Preis: der Verkehr auf der Bundesstraße 96 schleicht sich mitten durch die Stadt, für die seit langem geforderte Umgehungsstraße ist kein Platz.

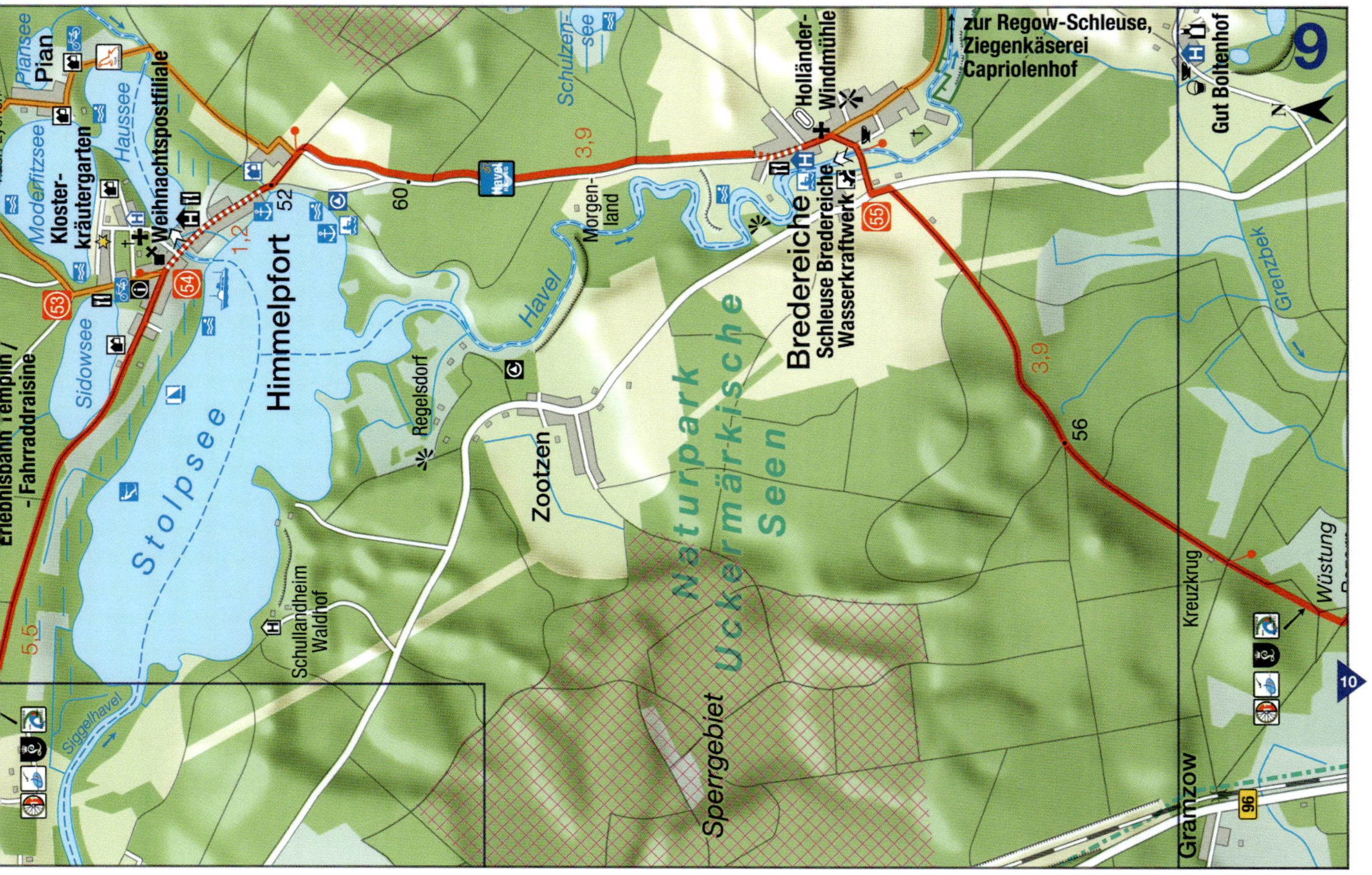

9
zur Regow-Schleuse,
Ziegenkäserei
Capriolenhof
Gut Boltenhof
Holländer-
Windmühle
Schulzen-
see
Bredereiche
Schleuse Bredereiche
Wasserkraftwerk
55
3,9
56
Grenzbek
Kreuzkrug
Wüstung
Pian
Pfänsee
Moderfitzsee
Haussee
Kloster-
kräutergarten
Weihnachtspostfiliale
52
60
Morgen-
land
Havel
53
54
1,2
Himmelpfort
Sidowsee
Stolpsee
Regelsdorf
Zootzen
Naturpark Uckermärkische Seen
Sperrgebiet
Schullandheim
Waldhof
Erlebnispark Templin /
-Fahrraddraisine
5,5
3,9
Siggelhavel
Gramzow
96
10

16798 Fürstenberg/ Havel

ⓘ Touristinformation
Tel.: 033093 / 32254

🏛 Mahn- und Gedenkstätte Ravensbrück
Tel.: 033093 / 6080

Denkmal für die Opfer des Konzentrationslagers Ravensbrück, Plastik von Will Lammert

3. Etappe

Von Fürstenberg fahren wir zunächst in Richtung Osten. Aus Richtung Südwesten (Neuglobsow, Großer Stechlinsee) stößt der Radweg **Tour Brandenburg** auf unsere Strecke.

Tour-Brandenburg

Auf 1111 Kilometern verbindet der längste Fernradweg Deutschlands alle touristisch interessanten Gebiete Brandenburgs. In Brandenburg an der Havel startet der Weg und führt dann auf dem Havel- und Elbe-Radweg kurz nach Sachsen-Anhalt, um dann nach Rheinsberg, Lychen, Bad Freienwalde, Cottbus, Herzberg, Jüterbog zurück nach Brandenburg an der Havel zu kommen.

Am nördlichen Rand von **Fürstenberg/ Havel** liegt das Dorf **Ravensbrück**. Wir folgen zunächst der Ravensbrücker Dorfstraße durch den Ort entlang der Straße nach Lychen, dann weiter halbrechts. Im weiteren Verlauf heißt die Straße Himmelpforter Landstraße. Halbrechts ist die Zufahrt zur Gedenkstätte für das Konzentrationslager Ravensbrück.

Das **KZ Ravensbrück** war das größte Konzentrationslager für Frauen in Deutschland. Über 150.000 Mädchen und Frauen waren dort zwischen 1938 und 1945 eingekerkert, man schätzt, dass 28.000 von ihnen dort umkamen. Seit 1959 erinnert eine Gedenkstätte an diese Zeit.

Ein schöner Radweg führt uns weiter nach **Himmelpfort**.

Im Kloster Himmelpfort

Den idyllischen Namen trägt **Himmelpfort** nicht zu Unrecht. Ein Mönch soll beim Anblick der Landschaft „Coelia Porta" ausgerufen haben, zu Deutsch Himmelspforte. Eine Schleuse trennt die höher gelegenen Kleinseen vom Großen Stolpsee. Daneben ragt ein altes Backsteingemäuer auf: Die romantische Ruine des alten Klosters. Ebenso eindrucksvoll ist das alte Brauhaus daneben. Himmelpfort erhält gegen Ende jeden Jahres sehr viel Post von Kindern, die an das örtliche Weihnachtsmannbüro schreiben.

Bis Bredereiche haben wir einen straßenbegleitenden Radweg, danach einen eigenständigen Radweg, asphaltiert sind sie beide. **Bredereiche** hat eine der typischen Fachwerkkirchen des 18. Jh. Im Inneren hängt ein Boot an der Decke. An der Schleuse sehen wir die Havel für eine Weile das letzte Mal.

Ein riesiges Gebiet war bis nach 1990 von der sowjetischen Armee besetzt. Drei Havelschleusen lagen in diesem Bereich, sie durften nur nach Ankündigung und nur bei Tageslicht benutzt werden. Noch Anfang der 1990er-Jahre querten eindrucksvolle **Holzbrücken** für Panzer den Fluss.

Naheliegender Weise gibt es keine menschliche Besiedlung und keine Straßen in diesem Gebiet. Und so überlässt man es den Adlern, Bibern, Hirschen und Wölfen.

Abstecher ca. 5 km:

An der **Regow-Schleuse** haben sich Enthusiasten niedergelassen und eine Ziegenkäserei eröffnet. Man erreicht den **Capriolenhof** mittels Abstecher vom Ortskern von Bredereiche entlang der Dorfstraße nach Südosten und später etwa fünf Kilometer durch Wälder und Wiesen in herrlich einsamer Landschaft. Asphaltierte Wege in diesem Areal sucht man hier allerdings vergebens.

16798 Fürstenberg/ Havel
OT Himmelpfort
ⓘ Touristinformation im Weihnachtshaus
Tel.: 033089 / 41888

Schleuse in Bredereiche

Der Havel-Radweg führt über **Dannenwalde** nach Burgwall.

Dannenwalde ist RE-Halt auf der Strecke Berlin–Rostock. In den 1990er-Jahren war die Station kurzzeitig geschlossen und wurde dann wieder eröffnet. Das haben wir Berliner Wanderfreunden zu verdanken, die diesen Bahnhof als Wanderbahnhof propagieren und sogar einen Barfußweg vor dem Bahnhof angelegt haben, wo man testen kann, wie die Füße auf verschiedene Beläge reagieren. Das Schloss von Dannenwalde erhielt seine heutige Form im 18. Jh., ist aber im Kern älter. Im Ehrenhof sieht man die Wappen derer von Waldow und von Bismarck. In diesem Hof wurden Filme mit Zarah Leander gedreht. Auch Dannenwalde gehörte einst zu Mecklenburg. Die hübsche kleine achteckige Gutskapelle dient als „Rad-Wander-Kirche".

Westlich des **Bahnhofs** stehen einige Ruinen. Auch hier war die sowjetische Armee stationiert.

Im Jahr 1977 ereignete sich hier eine **Katastrophe**: Hunderte von Raketen zündeten vermutlich als Folge eines Blitzeinschlags, machten sich selbständig und schlugen kilometerweit verstreut in der Umgebung ein. Wieviel Tote es unter den Soldaten gegeben hat, weiß niemand genau, die Schätzungen schwanken zwischen 50 und 300. Zivilisten kamen nicht zu Schaden. In den DDR-Medien wurde das Ereignis nicht erwähnt.

Die neogotische, achteckige Kirche in Dannenwalde ist auch eine Rad-Wander-Kirche.

Über die Sensibilität der eigenen Füße erfährt man sehr viel auf dem Barfußpfad.

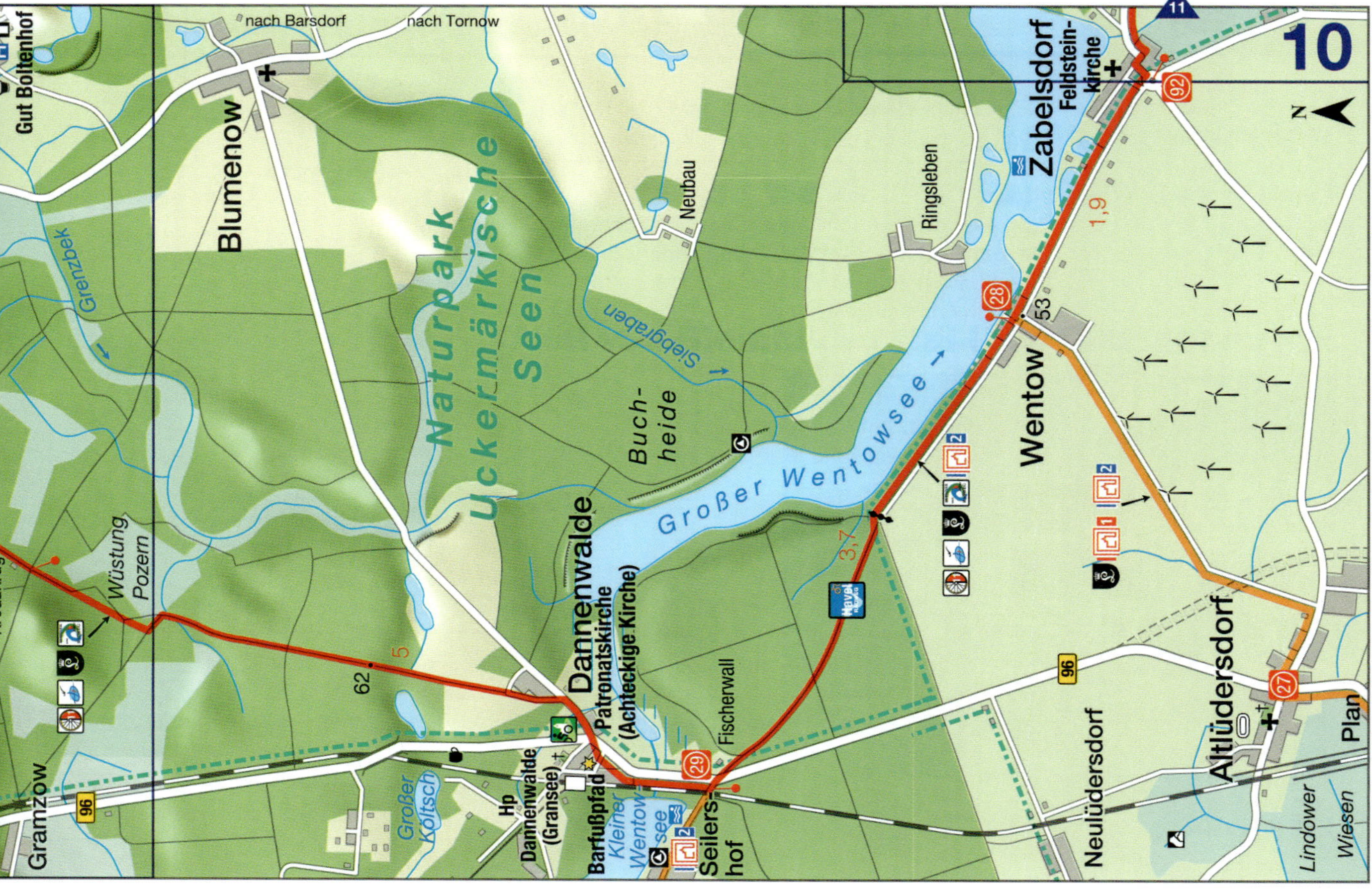

10
11
N
Gut Boltenhof
nach Barsdorf
nach Tornow
Blumenow
Naturpark
Uckermärkische Seen
Grenzbek
Siebgraben
Neubau
Ringsleben
Zabelsdorf
Feldstein-
kirche
92
1,9
28
53
Wentow
Buch-
heide
Großer Wentowsee →
Wüstung
Pozern
3,7
Havel
5
62
Dannenwalde
Patronatskirche
(Achteckige Kirche)
Fischerwall
96
Neulüdersdorf
Altlüdersdorf
27
Plan
Gramzow
96
Großer
Költsch
Hp
Dannenwalde
(Gransee)
Barfußpfad
Kleiner
Wentow-
see
Seilers-
hof
29
Lindower
Wiesen

16792 Zehdenick
ⓘ Ziegeleipark Mildenberg
Tel.: 03307 / 310410

Südlich des **Wentowsees** führt der Havel-Radweg nach Burgwall und damit wieder auf die Havel zu.

Tipp:
Von **Marienthal** führt ein kleiner Abstecher nach **Tornow**, wo in einer alten Mühle eine Gaststätte und Pension eröffnet wurde, die sich auf „Bett und Bike"-Kunden eingestellt hat.

Hinter **Burgwall** tauchen wir in die Tonstichlandschaft ein. Am nördlichen Rand von Mildenberg macht der ausgewiesene Weg eine scharfe Rechtskurve.

Tipp:
Wir empfehlen, durch den Ziegeleipark mit dem Rad durchzufahren bzw. zu schieben, auch wenn die Wegweisung außen herum führt.

Berlin ist aus dem Kahn gebaut. Und beladen wurden die Kähne meist an der Havel in Rathenow, Glindow oder in **Milden-**

Die Mühle in Tornow heißt Radler herzlich willkommen.

berg. Hier war Europas größte Ziegelindustrie. Ein **Museumspark** erklärt die Produktionsmöglichkeiten um 1900 und ergötzt die Touristen mit dem Geruckel und Geschaukel bei der Mitfahrt auf einer alten Lorenbahn. Wesentliches Merkmal der **Ringöfen** ist die Wanderhitze, also wenn man so will der Rundgang des Feuers. So konnten auf der einen Seite gebrannte Ziegel entladen werden, während auf der anderen matschige Lehmquader eingeschoben wurden. Fabriken, Gefängnisse, Kasernen, Schlachthäuser, Kirchen, Krankenhäuser und natürlich die Kanalisation bestehen aus solchen Sichtziegeln, also alles was haltbar und abwaschbar sein soll.

Tipp:
Im Gelände gibt es ein recht edles Restaurant am Hafen, das nur im Sommer geöffnet ist und in einem alten Wohnhaus (dem alten Konsum) an der Ausfahrt Richtung Zehdenick Bernis Café mit einfacher deftiger Kost.

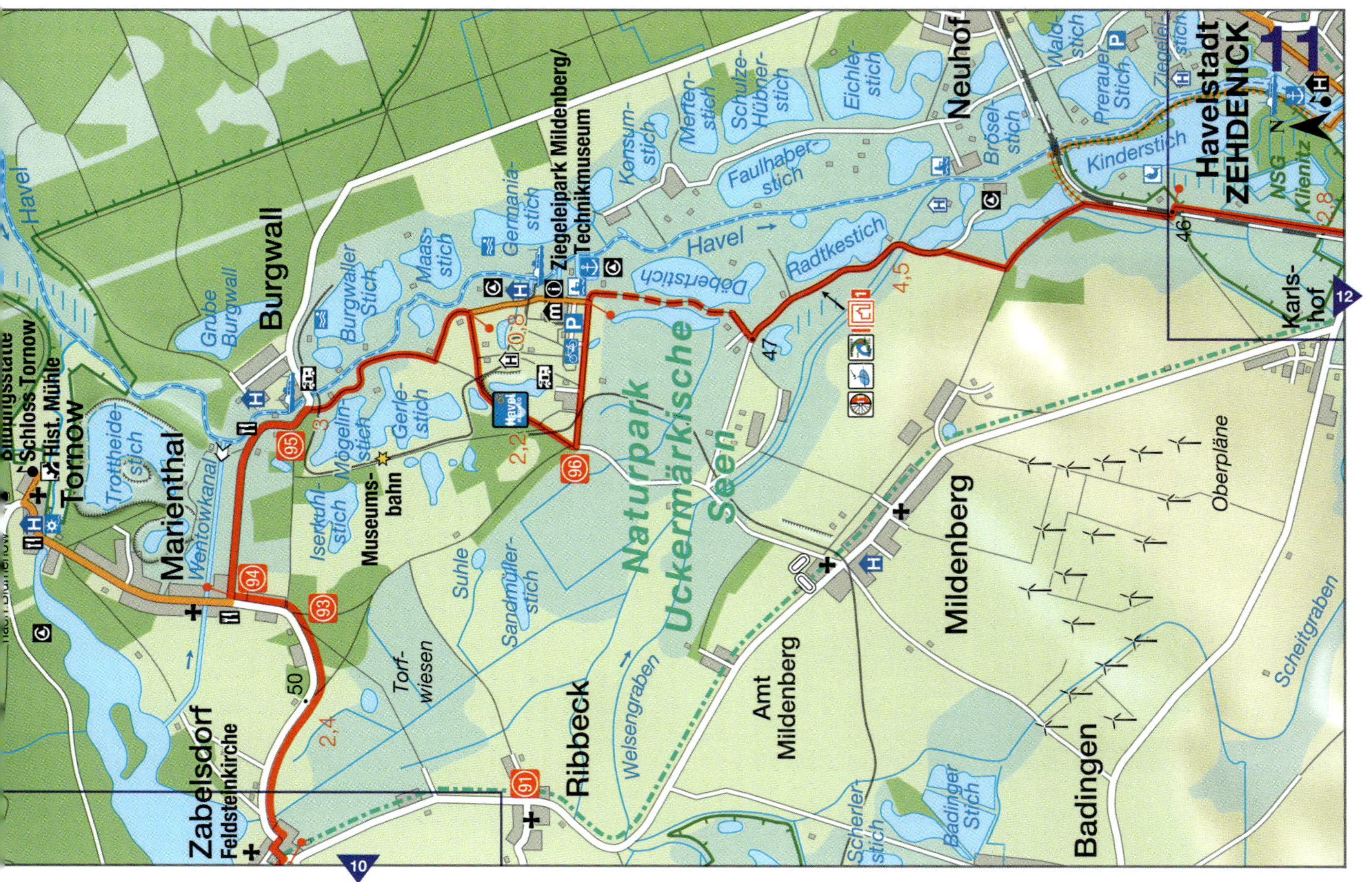

11
Havelstadt ZEHDENICK
Neuhof
Waldstich
Ziegeleistich
Prauer Stich
P
Kinderstich
NSG Klienitz
2,8
46
Eichler-stich
Schulze-Hübner-stich
Bröse-stich
Merten-stich
Kensum-stich
Faulhaber-stich
Havel →
Radtkestich
4,5
47
Karls-hof
12
Ziegeleipark Mildenberg/Technikmuseum
Germania-stich
Maas-stich
Döberstich
1
Burgwall
Burgwaller Stich
Grube Burgwall
H
P
Naturpark Uckermärkische Seen
Havel
Mögelin-stich
Gerle-stich
2,2
96
0,8
Schloss Tornow
Hist. Mühle
Tornow
Marienthal
Trottheide-stich
Wentowkanal
Iserkuh-stich
Museums-bahn
95
3
Mildenberg
Oberpläne
94
93
H
Amt Mildenberg
Suhle
Sandmüller-stich
Torf-wiesen
Ribbeck
Welsengraben
Scheitgraben
50
2,4
Zabelsdorf
Feldsteinkirche
91
Scherler-stich
Badinger Stich
Badingen
10

16792 Zehdenick

ⓘ Touristinformation des
FVV Zehdenick
Tel.: 03307 / 2877

🏛 Museumsschiff „Carola"
Tel.: 03307 / 2877

Über 50 Seen sind durch den Tonabbau entstanden. Der Radweg führt idyllisch zwischen diesen Tonstichen (Bademöglichkeit in den Naturbadeseen) entlang.

Die Einfahrt nach **Zehdenick** erfolgt neben der Eisenbahn auf eigenem Fahrradweg. Die Behörden haben nicht sehr geschickt Hindernisse für Autos eingebaut, vor denen man Gruppen und Kinder warnen sollte. Über die Bahnhofstraße und die Berliner Straße erreichen wir, uns zweimal links haltend, das Zentrum von Zehdenick.

Alternative:
Man kann auch an der Bahn nach links zum Fluss fahren, und langsam aber wunderschön auf einem Naturpfad am Ufer der Havel nach **Zehdenick** fahren. Bei diesem Weg muss man dann über steile Brücken schieben.

Oberhalb der Schleuse führen Wanderwege am Wasser über die sogenannten **Kamelbrücken**, die so hoch sind, dass Boote drunter durchfahren können. Auf der Ostseite lockt der Garten des gepflegten Havelschlosses von 1700 auf dem Grundmauern einer alten Burg. **Zehdenick** blickt auf eine 800-jährige urkundliche Ersterwähnung aus dem Jahr 1216.

Unterhalb der Schleuse liegt der alte Kahn als **Schifffahrtsmuseum** neben der Wassermühle und ein Stück weiter steht die wieder errichtete Klappbrücke. Diverse Restaurants und Cafés laden zur Einkehr. Eine Eisdiele befindet sich auf der Westseite der Klappbrücke.

Eine Wirtin soll 1249 eine geweihte Hostie im Keller unter dem Bierfass vergraben haben, umso mehr Umsatz zu machen. Nach einem Jahr großen Erfolges plagte sie das Gewissen und sie beichtete die Tat einem Priester, der sofort mit dem Spaten anrückte und natürlich blutete die Hostie wegen des Frevels wie verrückt. Deswegen wurde hier darüber ein **Kloster** errichtet.

Kamelbrücke
in Zehdenick.

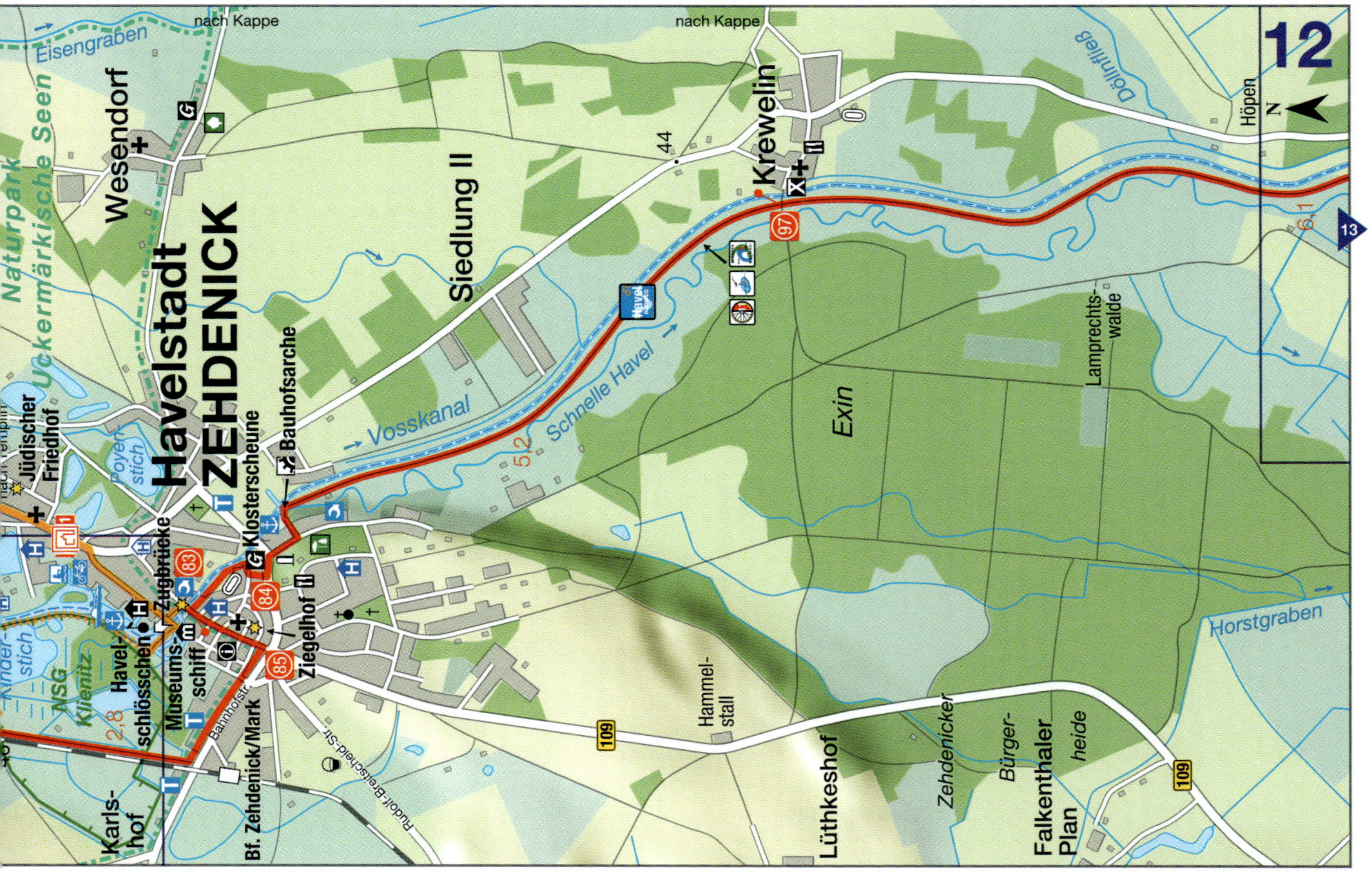

12
nach Kappe
nach Kappe
Eisengraben
Naturpark
Uckermärkische Seen
Wesendorf
Höpen
N
Döllnfließ
Krewelin
44
Siedlung II
97
Havelstadt
ZEHDENICK
Jüdischer Friedhof
Poyenstich
Bauhofsarche
Klosterscheune
Vosskanal
Schnelle Havel
5,2
Exin
Lamprechts-walde
13
Karls-hof
Kinder-stich
Kienitz
Havel-schlösschen
ASG
Museums-schiff
Zugbrücke
83
84
85
Ziegelhof
Hammel-stall
Horstgraben
Lüthkeshof
Zehdenicker
Bürger-heide
Falkenthaler Plan
109
109
Bf. Zehdenick/Mark
Rudolf-Breitscheid-Str.
Bahnhofstr.
2,8

16559 Liebenwalde

ⓘ Touristinformation im
   Hofcafé
Tel.: 033054 / 90772

🏠 Feuerwehrmuseum
Tel.: 0152 / 27963668

🏠 Stadtmuseum im
   ehem. Stadtgefängnis
Tel.: 033054 / 80555

Die Ausfahrt aus Zehdenick erfolgt vorbei am alten Zisterzienserkloster und dann über die Parkstraße und dann links die „Freiarche". Über eine schöne alte Brücke queren wir die Alte Havel und fahren zwischen Vosskanal und Schneller Havel, wie der alte Flusslauf hier genannt wird, weiter auf einem eigenständigen Radweg.

Die nächsten Kilometer bis Liebenwalde vergehen wie im Fluge: Links Kanal, rechts Havel und dazwischen der asphaltierte Weg unter alten Bäumen. Kein Dorf, keine Wirtschaft, kein Verkehr.

Wer will, kann natürlich über eine Brücke rüber fahren nach Krewelin, da gibt es eine Wirtschaft und eine Kirche. An der Schleuse Bischofswerder verlassen wir den Fluss und wenden uns nach links nach **Liebenwalde**.

Im ehemaligen Stadtgefängnis **Liebenwalde**s gibt es heute Ausstellungen u. a. zur Binnenschifffahrt. Die Touristinformation ist praktischerweise gleichzeitig ein Café. Die Kirche gehört zu den offenen Kirchen. Im Inneren erwartet uns das typische Regelwerk der Schinkelschule: Halbkreisapsis, Flachdecke mit Kronleuchtern und eine Empore mit großen Rundbogenfenstern.

Die Weiterfahrt verläuft an der Berliner Straße, das macht die Orientierung einfach. Am Kietz überqueren wir den **Langen Trödel**, einen zur Oder abzweigenden alten Kanal, heute durch einen Neubau ersetzt. Hier kann man Boote ausleihen und Kaffee trinken. Den **Oder-Havel-Kanal** überqueren wir auch noch auf dem Radweg neben der Straße, erst dann biegen wir nach rechts in den Wald ein.

Jetzt hat man noch einmal eine Strecke zum Träumen und kann die Seele baumeln lassen. Fast Zehn Kilometer autofrei auf Asphalt durch den Wald. Kurz vor Oranienburg müssen wir vor einem alten Militärobjekt rechts abbiegen und passieren den

Alte Brücke über Alter Havel in Zehdenick

13
Großer Berg
nach Liebenthal
zur Zerpenschleuse
zur Zerpenschleuse
Hammer
Wutzsee
76
167
LIEBENWALDE
Langer Trödel (Finowkanal)
Rehhorst
Kreuzbruch
nach Zehlendorf
Oder-Havel-Kanal
Kreuzbucher-Str.
Emilienfelde
Sandberge
Feuerwehr-museum
75
Chaussee
Berliner
38
Mühlen-see
74
Malzer
Kanal
2,8
Heidchen
Beverin-see
Bernower Weg
Dollnfließ
4
73
Marina
Liebenwalder Schleuse
Naturpark
6,1
Barnim
14
Havel
Vosskanal
Bischofs-werder
Fisch-teiche
Oberbruch
167
Havel
Kreuzthal

16515 Oranienburg

🏛 Gedenkstätte und Museum Sachsenhausen

Tel.: 03301 / 2000

kleinen Grabowsee mit wilder Badestelle und kommen mit einer im Jahr 2010 eröffneten Brücke auf das Westufer des Kanals bei Friedrichsthal. Am ehemaligen Fährhaus gibt es einen kleinen Imbiss am Wasser.

Vor Oranienburg werden Havel und Weg von einer markanten **Eisenbahnbrücke** überquert. Die Strecke wurde bald nach demZweiten Weltkrieg zur Umfahrung von West-Berlin

Der Oder-Havel-Kanal bei Kreuzbruch

errichtet und ist ist heute außer Betrieb. Die Brücke aus Stahlfachwerk wurde 1986 neu gebaut und steht als einzigartiges Zeugnis der Technikgeschichte unter Denkmalschutz. Sie trägt den Namen Klinkerhafenbrücke, was nicht so friedlich ist, wie es klingt: der Klinkerhafen auf der gegenüberliegenden Kanalseite gehörte zum Klinkerwerk, wo während der Nazi-Zeit Tausende von Häftlingen Zwangsarbeit verrichten mussten.

KZ Sachsenhausen und Klinkerwerk

1933 errichteten die Nazis in Oranienburg das erste Konzentrationslager Deutschlands. Ab 1935 wurde das größere Gelände in Sachsenhausen benutzt. Über 200.000 Gefangene waren hier interniert und wurden in den nahen Heinkel-Flugzeugwerken oder in den Tongruben der Umgebung zur Zwangsarbeit missbraucht. Das Durchschnittsleben eines Lagerinsassen war mit neun Monaten kalkuliert. Vom Radweg sieht man nur einige Gedenktafeln am Klinkerwerk oberhalb der Lehnitzschleuse. In diesem Werk wurden besonders die Berliner Homosexuellen bis zum Tode schikaniert. In der

nach Liebenberg
nach Nassenheide
71
Lö
Freienhagen
Kreuzthal
13
14
Wittenberg
5,7
Schweizer-hütte
Bernöwe
Havel
Havel
RADWEG
39
Dames-walde
Malz
Oder-Havel-Kanal
Naturpark
Barnim
Malzer
Kanal
4,2
Friedrichsthal
65
39
nach Liebenwalde
0,6
Alte
Schäferei
Fichten-grund
Grabowsee
66
3
nach Schmachtenhagen
Zehlendorf
nach Stolzenhagen
15

Gedenkstätte und dem **Museum Sachsenhausen** wird in Dauerausstellungen und bei Sonderveranstaltungen die Geschichte des Ortes erlebbar.

Am Ufer fahren wir bis zur B 273. Der Havel-Radweg führt weiter auf der zunehmend belebten **Uferpromenade** am **Lehnitzsee** mit seinen Badestellen und Ausflugsrestaurants. Er lässt aber das Zentrum von Oranienburg aus.

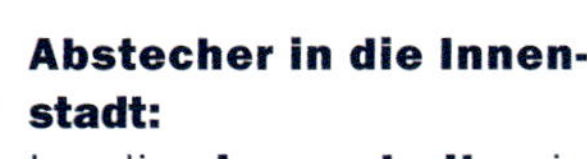

Abstecher in die Innenstadt:

In die **Innenstadt** wie auch in die **Gedenkstätte des KZ Sachsenhausen** gelangt man, wenn man nach rechts in die Bernauer Straße (Radweg) abbiegt. Nach etwa einem Kilometer geht es rechts in der Straße der Einheit zur Gedenkstätte, geradeaus in die Innenstadt und zum Bahnhof.

Gedenkstätte für die Zwangsarbeiter im Klinkerwerk während der NS-Zeit

In den letzten Jahren, nicht zuletzt seit der Landesgartenschau 2009, kommen immer mehr die schönen Seiten **Oranienburg**s zum Vorschein. Und die Stadt hat eine bewegte Geschichte. Sie ist eine mittelalterliche Gründung und trug lange Zeit den Namen Bötzow. Mitte des 16. Jahrhunderts entdeckten die Kurfürsten die Gegend als Jagdgebiet, hundert Jahre später fand es den Gefallen der Kurfürstin Henriette von Oranien, weil es sie an Holland erinnerte. Darauf schenkte es der Kurfürst seiner Frau und seit dieser Zeit hat der Ort den heutigen Namen. Ein Kuriosum: der freigewordene Namen „Bötzow" wurde „recycelt" und an ein nahegelegenes Dorf vergeben, das vorher „Kotzeband" hieß. Das älteste Barockschloss der Mark Brandenburg (von 1652), im Stadtkern direkt an der Havel gelegen, beherbergt heute zwei Museen. Die Stiftung Preußische Schlösser und Gärten zeigt im Schlossmuseum Kunstwerke des 17. Jahrhunderts, eine Silber- und eine Porzellankammer. Im Kreismuseum bietet sich eine umfangreiche Ausstellung zur

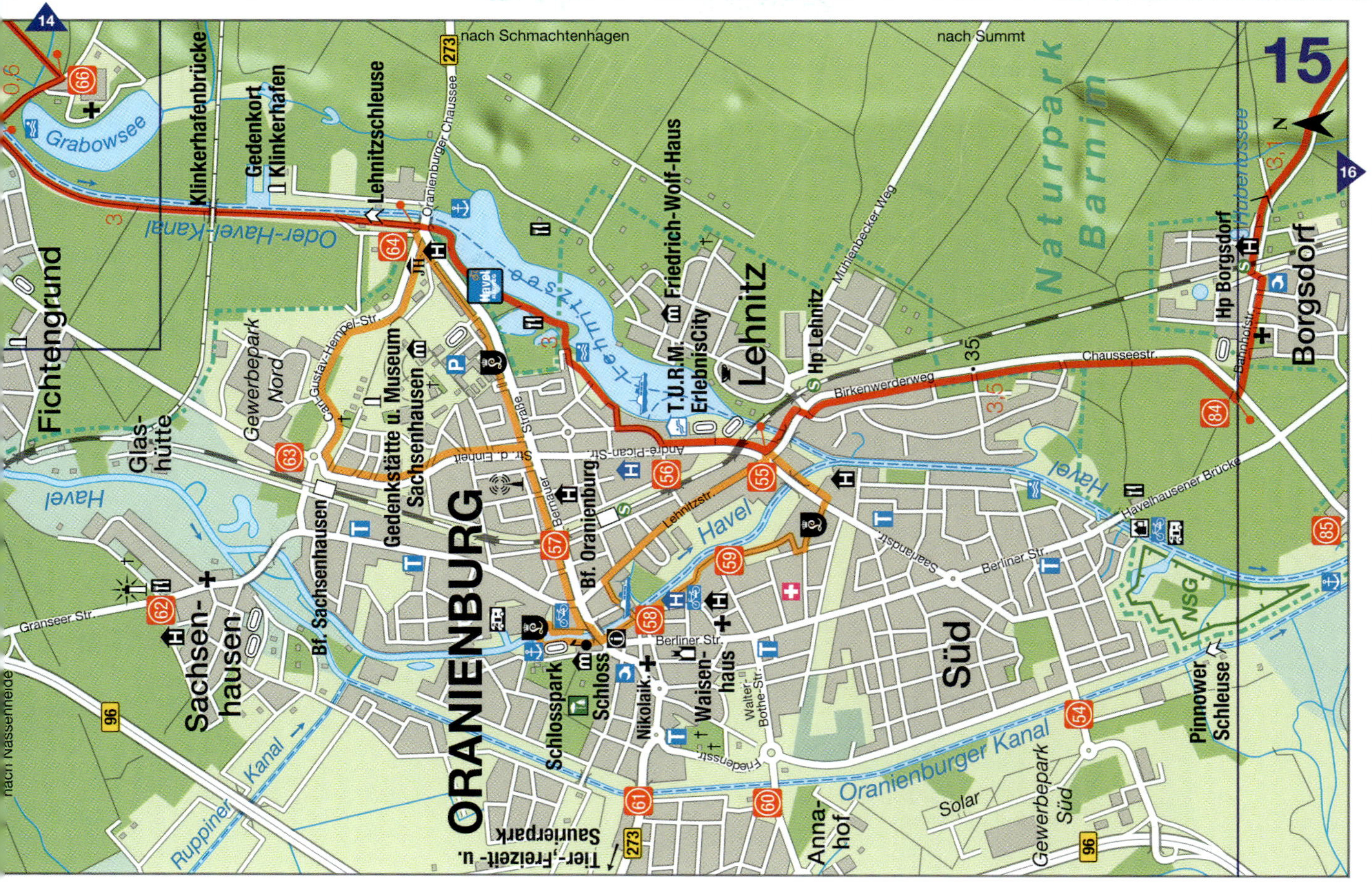

14
15
16
nach Schmachtenhagen
nach Summt
66
0.6
Grabowsee
Naturpark Barnim
N
Klinkerhafenbrücke
Gedenkort Klinkerhafen
Lehnitzschleuse
273
Oranienburger Chaussee
Friedrich-Wolf-Haus
3.1
Fichtengrund
Oder-Havel-Kanal
3
64
JH
Hp Borgsdorf
Borgsdorf
Bahnhofstr.
Lehnitzsee
Lehnitz
Hp Lehnitz
Mühlenbecker Weg
.35
Glas-hütte
Havel
Gewerbepark Nord
Carl-Gustav-Hempel-Str.
T.U.R.M. ErlebnisCity
Chausseestr.
3.5
84
63
Gedenkstätte u. Museum Sachsenhausen
Str. d. Einheit
Bernauer Straße
André-Pican-Str.
Birkenwerderweg
56
55
Havel
85
ORANIENBURG
Lehnitzstr.
57
Bf. Oranienburg
59
Havelhausener Brücke
62
Bf. Sachsenhausen
Saarlandstr.
Berliner Str.
NSG
Sachsen-hausen
Gränseer Str.
Berliner Str.
58
Süd
Nassenheide
96
Schlosspark
Schloss
Nikolaik.
Waisen-haus
Walter-Bothe-Str.
Pinnower Schleuse
Tier-,Freizeit- u. Saurierpark
Ruppiner Kanal
61
60
Anna-hof
Friedensstr.
Solar
Oranienburger Kanal
54
273
Gewerbepark Süd
96
Havel

16515 Oranienburg

ⓘ Touristinformation
Tel.: 03301 / 6008110

🏛 Schlossmuseum
Tel.: 03301 / 537437

Schloss Oranienburg

Regional- und Kulturgeschichte Oberhavels an. Wenn man heute vor dem **Schloss** steht, könnte man meinen, es wäre so asymmetrisch gebaut worden, um den Blick auf das Wasser zu ermöglichen. Aber der fehlende rechte Teil des Gebäudes hat andere Gründe: seit 1800 wurde das Schloss als Fabrik genutzt. 1833 wurde hier erstmals Anilin aus Steinkohlenteer hergestellt und später Kerzen gefertigt, dabei brannte 1842 ein Flügel ab. Später wurde die Fabrik verlegt, Oranienburg blieb etliche Jahrzehnte ein wichtiger Standort der chemischen Industrie.

Durch die Neugestaltung des Schlossplatzes und die Verlegung der Schlossbrücke ist das Ensemble aus Schloss, Schlossplatz mit dem Denkmal der Kurfürstin Louise Henriette und der Havel wieder erlebbar. Kurfürstin Louise Henriette ließ einen Lustgarten im holländischen Stil anlegen. Der Schlosspark wurde im Laufe der Jahrhunderte mehrmals verändert und erhielt mit der Landesgartenschau 2009 sein heutiges Aussehen. Im Park befindet sich die denkmalgerecht sanierte Orangerie, die für Kulturveranstaltungen genutzt wird. Am Schlossplatz liegt die Touristinformation mit Regionalladen und Kunstgalerie.

Das Freizeitbad T.U.R.M.-ErlebnisCity besitzt ein Erlebnisbecken mit Wellenattraktionen und Rutschen, eine große Saunalandschaft, Bowlingzentrum, Beachsporthalle, Kletterwand und weitere Einrichtungen zur aktiven Erholung.

Tipp:

Im 50 Hektar großen Tier-, Freizeit- und **Saurierpark Germendorf** können 650 einheimische und exotische Tiere beobachtet werden, daneben gibt es viele weitere Attraktionen wie Badestrände, Abenteuerspielplätze, Grillbereiche, Picknickmöglichkeiten, Volleyballfelder und Angelplätze. Auf rund 8 Hektar wurde ein Saurierpark mit zahlreichen originalgetreuen Figuren eingerichtet. Der Saurierpark liegt etwa sieben Kilometer westlich von Oranienburg und ist über einen straßenbegleitenden Radweg entlang der Bundesstraße 273 zu erreichen.

**16515 Oranienburg
OT Germendorf**

Tier-, Freizeit- und Urzeitpark Germendorf
Tel.: 03301 / 3363

16515 Oranienburg OT Lehnitz

🏛 Friedrich-Wolf-Gedenk-
stätte
Tel.: 03301 / 24480

16547 Birkenwerder

ⓘ Touristinformation im
Bahnhof Birkenwerder
Tel.: 03303 / 5960658

🏛 Clara-Zetkin-Gedenk-
stätte
Tel.: 03303 / 402709

4. Etappe

Von der Oranienburger Innenstadt bzw. vom Bahnhof aus folgt man der **Lehnitzstraße** nach Südosten und trifft nach einem Kilometer auf den von links kommenden Havelradweg vom Ufer des Lehnitzsees. Weiter geht es entlang des Havelradwegs geradeaus in den Ortsteil **Lehnitz**. Die Wegweisung führt weiter über den Birkenwerder Weg neben einer stärker befahrenen Straße auf Borgsdorf zu. Mitten im Wald geht es nach links über die Bahnhofstraße zum **Bahnhof Borgsdorf**.

Auf einem Radweg links neben der Friedensallee fahren wir nun durch einen Wald herunter und kreuzen das Briesetal.

Briese ist slawisch und bedeutet Birke. Der Bach, der dieses Tal gebildet hat, kommt aus den Gewässern um Wandlitz. Das Tal selbst ist ein beliebtes Wandergebiet. Auf der anderen Seite ist liegt ein schattiger Imbiss. Ein kleiner See, eher ein Teich, lockt dazu, im Sommer die Beine abzukühlen.

Die Fichtenallee führt über den Berliner Autobahnring in den Ort **Birkenwerder**. Hier wendet sich der Weg direkt hinter der Bahn auf einem schmalen Weg nach links bergauf.

In der Summter Straße 4 östlich der Bahngleise gibt es eine **Gedenkstätte** für die Politikerin und Frauenrechtlerin **Clara Zetkin**, die hier lebte. Mit ihr hatten DDR-Bürger täglich Kontakt, denn sie war auf dem Zehnmarkschein abgebildet und ihr verdanken wir den Internationalen Frauentag. Der „Runde Tisch" sicherte 1990 in den letzten Wochen der DDR den Fortbestand des 1957 eingerichteten Museums.

Die Weiterfahrt verläuft kompliziert, wir müssen gut auf den Weg achten: kurz rechts (!) Radweg an der Hauptstraße, links hinter der Feuerwehr

Im Briesetal

eege-
bruch
96
15
S Hp Borgsdorf
84
3,1
Borgsdorf
16
Elsenquellen
Kolonie
Briese
85
Helenenquelle
Kreuz Oranienburg
Velten
Pinnow
31
Birken-
werder
Veltener Chaussee
T
89 Waldschule
32
33
2,1
Naturpark
Bernsteinsee
E55
10
T
Barnim
nach Summt
1
Bodden-
see
111
Birken-
werder
Clara-
Zetkin-Museum
Mühlenbecker
E26
Halde
Briese
90
H
91
S
Bf. Birkenwerder
(b. Berlin)
P
Forst
10
3,7
Fontane-weg
P
Oder-Havel-Kanal
Saumweg
Havel Radeln
Waldidyll
Bergfelder Str.
96a
VELTEN
80
Goethestr.
Hauptstr.
H
Hennigsdorf
2a
Nieder-
heide
Wasserturm
Bergfelde
Veltener Stichkanal
Rudolf-Breitscheid-Str.
Birkenwerder Str.
F.-Engels-Str.
Bf. Hohen Neuendorf West
Hohen-
schöpping
81
Hohen Neuendorf
Großer
Rotpfuhl
S Bergfelde
HOHEN
NEUENDORF
H
Schönfließer Str.
96a
Stolpe
T
H
96
nach Schönfließ
7,3
17

16540 Hohen Neuendorf

ⓘ Stadtinformation in den City Arkaden
Tel.: 03303 / 214937

in den ruhigen **Fontaneweg**, dann **Humboldtallee** links, hinter der **Briesebrücke**, rechts in die Straße Paradiesgarten, dann kurzes Stück Stolper Weg links, um dann in den **Saumweg** einzubiegen.

Vom Fontaneweg führt ein kurzer Abstecher nach Süden (Fahrrad schieben) an die Briese in eine **Naturidylle**, die man mitten in einem relativ großen Ort nicht unbedingt erwartet. Das Flüsschen schlängelt sich durch sumpfige Wälder, ein Holzbohlensteig führt dort entlang. An einer Wassertretanlage kann man sich die Beine erfrischen.

Der Saumweg führt uns in die **Schillerpromenade**, rechts liegt eine beliebte **Schänke** mit Havelgarten: die „Havelbaude". Seit 1925 befindet sich hier dieser Biergarten mit eigenem Hafen. Bei schönem Wetter ist immer was los.

Nur wenige hundert Meter entfernt in Richtung Ortszentrum befindet sich mit der Grundschule Niederheide Deutschlands **energetisch modernste Grundschule**. Sie ist eines der Aushängeschilder der grünen Stadt, die sich in besonderem Maße den Themen Ökologie und Klimaschutz verschrieben hat.

Schließlich hört der Besiedlungsbrei auf und wir unterqueren auf dem Schwarzen Weg die Autobahn 111 und den Berliner Eisenbahnaußenring.

Die Strecke ist autofrei und asphaltiert, wir umfahren ein großes **Wasserwerk**.

Das **Wasserwerk Stolpe** ist heute das größte Wasserwerk im Land Brandenburg. Es entstand um 1910 auf Betreiben der damals selbständigen Gemeinde Pankow. Die alten Anlagen wurden um 1980 aufgegeben und durch Neubauten ersetzt, leider sind die alten denkmalgeschützten Gebäude innerhalb des abgezäunten Geländes unzugänglich und auch kaum einsehbar.

Auf dem anderen Havelufer sehen wir in der Folge die ausgedehnten Anlagen des Stahlwerks Hennigsdorf. Davor auf unserem Ufer bilden ruhige Nebengewässer des Flusses mit

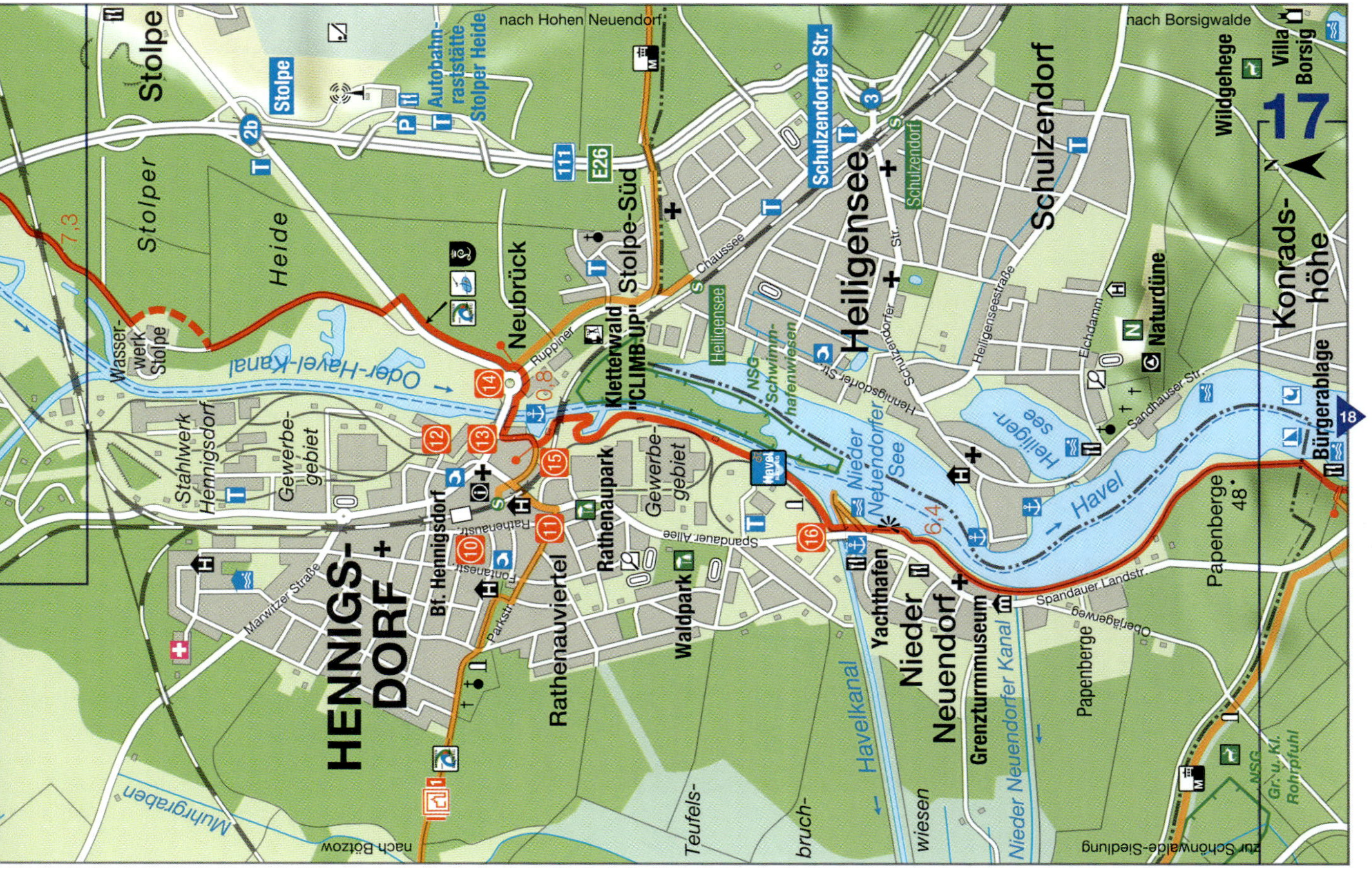

Stolpe
nach Hohen Neuendorf
nach Borsigwalde
Villa Borsig
Wildgehege
Schulzendorf
Stolper
Heide
Autobahn-rasstätte Stolper Heide
Stolpe
2b
111
E26
Schulzendorfer Str.
3
Schulzendorf
Naturdüne
Konrads-höhe
7,3
Wasser-werk Stolpe
Neubrück
Chaussee
Heiligensee
Heiligensee
Schulzendorfer Str.
Eichdamm
Oder-Havel-Kanal
Ruppiner
Kletterwald
"CLIMB UP"
NSG Schwimm-hafenwiesen
Henigsdorfer Str.
Heiligen-see
Sandhauser Str.
Bürgerablage
14
0,8
18
Stahlwerk Hennigsdorf
Gewerbe-gebiet
12
13
15
Gewerbe-gebiet
Nieder Neuendorfer See
Havel
Papenberge 48
Hennigsdorf
Bf. Hennigsdorf
Rathenaustr.
Rathenaupark
Rathenauviertel
Spandauer Allee
6,4
Papenberge
Oberjägerweg
11
10
HENNIGS-DORF
Marwitzer Straße
Parkstr.
Fontanestr.
Waldpark
Gewerbe-gebiet
16
Yachthafen
Nieder Neuendorf
Grenzturmmuseum
Spandauer Landstr.
Havelkanal
Nieder Neuendorfer Kanal
NSG Gr. u. Kl. Rohrpfuhl
Muhrgraben
nach Bötzow
Teufels-bruch-wiesen
zur Schönwalde-Siedlung
17
N

16761 Hennigsdorf
ⓘ Stadtinformation Hennigsdorf
Tel.: 03302 / 877320
🏛 Grenzturm Nieder Neuendorf
Tel.: 03302 / 877312

Entlang des Berliner Mauerweges treffen wir in Niederneuendorf auf einen alten Wachturm

Schilf und Vögeln einen schönen Kontrast zur Industriekulisse auf der anderen Seite.

Das **Stahlwerk** Hennigsdorf wurde 1918 von der AEG gegründet, 1921 wurde es von Flick übernommen und wurde nach 1939 ein kriegswichtiges Werk mit vielen Zwangsarbeitern. 1946 wurde es demontiert, aber bereits 1948 wieder aufgebaut. Es hat die Wende überstanden und gehört seit 1992 zur Riva Gruppe.

Stahlwerk Hennigsdorf mit Idylle

Wir queren die stark befahrene Straße (Vorsicht) und fahren auf dem Radweg zum Kreisel, umrunden diesen zur Hälfte und überqueren die Havel in Richtung der Hennigsdorfer Innenstadt.
Von links gesellt sich der **Berliner Mauerweg** zu uns.

Berliner Mauerweg
Der Mauerweg führt auf 167 Kilometern rund um das alte West-Berlin. Er startet an Berlins Hauptbahnhof in der Mitte und ist voller Kontraste: quirlige Innenstadt, Kultur, Natur, ruhige Gebiete, Gewässer, Wald, Parks. Viele Informationen zur Teilung Berlins von 1961 bis 1989 bekommt der Radfahrer mittels Tafeln entlang des Weges.

Direkt hinter der **Brücke** queren wir die Straße und können wieder ruhig am Ufer der Havel bis Berlin radeln.
Nach der Umrundung eines Hafenbeckens entdecken wir allerlei fabrikneue Züge. Das traditionelle **Eisenbahnwerk** gehört heute zum Bombardier-Konzern.
Mit einer scharfen Kurve führt unser Weg hoch auf die Brücke über den Großen Havelkanal.

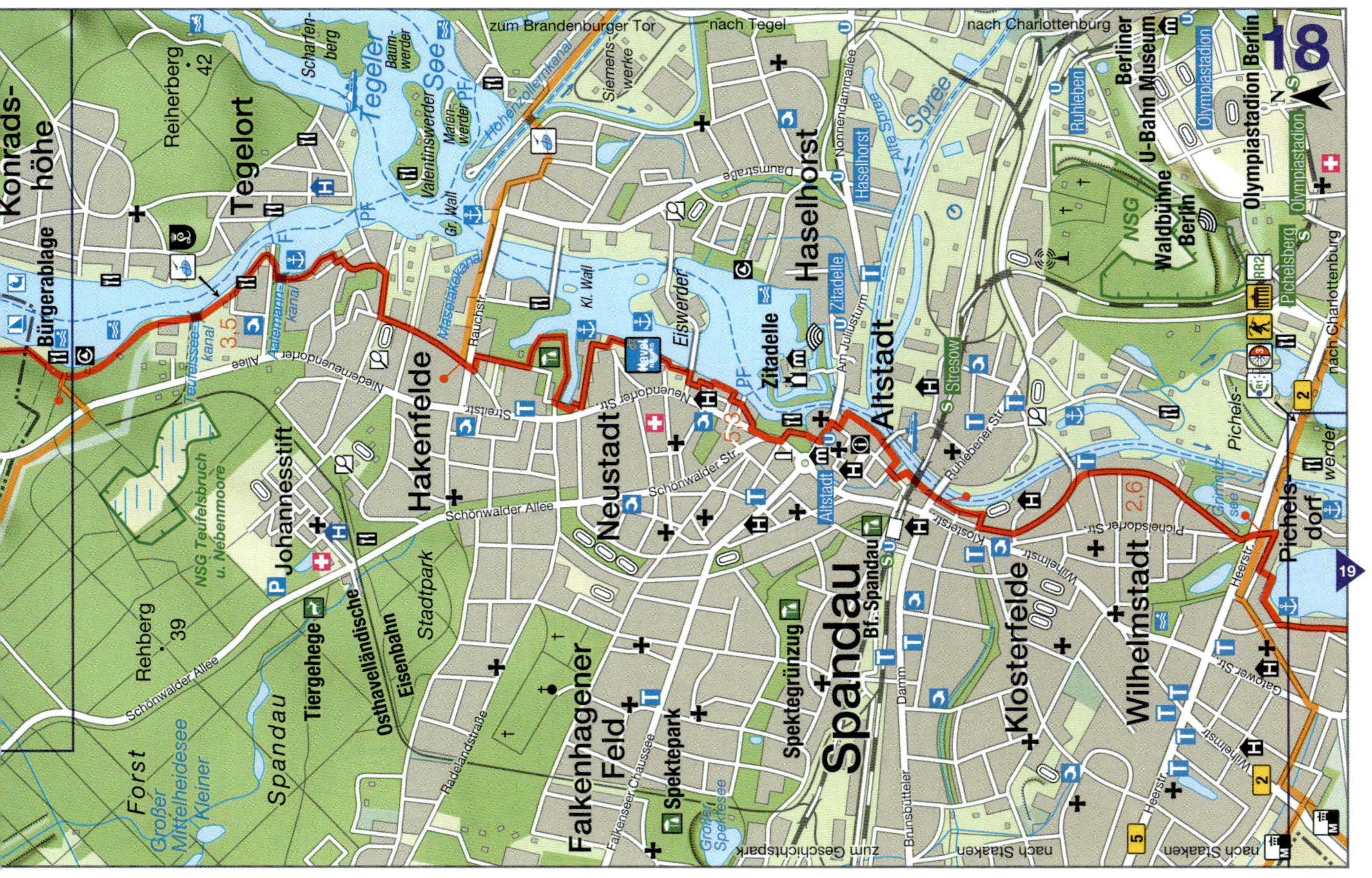

18
Konradshöhe
Reiherberg · 42
Tegelort
Tegeler See
Scharfenberg
Baumwerder
Valentinswerder
Maienwerder PF.
Hohenzollernkanal
zum Brandenburger Tor
nach Tegel
nach Charlottenburg
Siemenswerke
Daumstraße
Haselhorst
Nonnendammallee
Alte Spree
Spree
Ruhleben
Berliner U-Bahn Museum
Olympiastadion
Olympiastadion Berlin
Olympiastadion
Waldbühne Berlin
NSG
Pichelsberg
RR2
N S
Bürgerablage
Teufelssee-kanal
Hauptmannskanal
Allee
3,5
Gr. Wall
Kl. Wall
Maselakekanal
Rauchstr.
Niederneuendorfer Allee
Streitstr.
Hakenfelde
Eiswerder
Havel
Zitadelle
Am Juliusturm
U Zitadelle
U Julusturm
Altstadt
S Stresow
Pichels-werder
nach Charlottenburg
2
19
Johannesstift
P
Rehberg · 39
Schönwalder Allee
Forst
Großer Mittelheidesee
Kleiner
Spandau
NSG Teufelsbruch u. Nebenmoore
Tiergehege
Osthavelländische Eisenbahn
Stadtpark
Schönwalder Allee
Neustadt
Neuendorfer Str.
Schönwalder Str.
5,3 PF.
5,3
Bf. Spandau
Altstadt
Spandau
Klosterstr.
Ruhlebener Str.
2,6
Grimnitzsee
Pichelsdorfer Str.
Wilhelmstr.
Pichels-dorf
werder
Klosterfelde
Wilhelmstadt
Heerstr.
Gatower Str.
Wilhelmstr.
2
Falkenhagener Feld
Falkenseer Chaussee
Radelandstraße
Spektepark
Spektegrünzug
Großer Spektesee
Damm
Brunsbütteler Damm
zum Geschichtspark
nach Staaken
nach Staaken
5
M

Diesen Kanal schuf die DDR in den 1950er-Jahren, um West-Berlin und die Schleuse Spandau zu umgehen. Rechts unter uns liegt eine Marina für Sportboote.

Gleich hinter der Brücke biegt unser Weg wieder links ans Ufer ab. Er ist jetzt eine Weile eine Promenade, die auch von Fußgängern genutzt wird. An einer schmalen Stelle der Havel gegenüber von Heiligensee steht etwas erhöht ein origi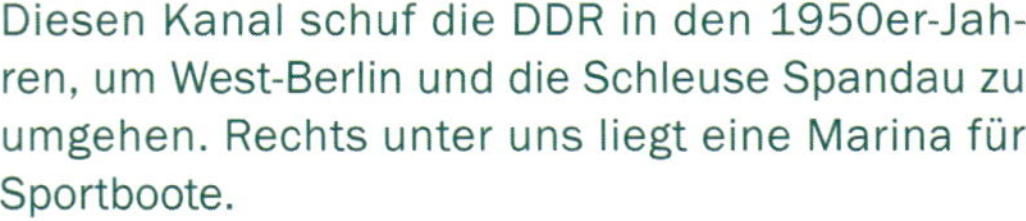naler **Grenzturm**. Er wird als **Museum** genutzt, hier kann man sich über die Arbeit der DDR-Grenztruppen informieren.

In **Niederneuendorf** beginnt eine schöne Strecke am Ufer, die uns bis Berlin Spandau führt.

Hinter der Badestelle **Bürgerablage** liegt eine typische Berliner Ausflugsgaststätte mit einem riesigen Biergarten.

Badestelle Bürgerablage zwischen Niederneuendorf und Hakenfelde

Unser Weg führt weiter im Grünen am Ufer der Havel entlang. Bald passieren wir die Fähre nach **Tegelort** und danach öffnet sich linkerhand der Tegeler See. Einige kleine Inseln liegen in seinem Eingang.

Der **Tegeler** See hat bis zum heutigen Tage etwas Einzigartiges. Das Wasser wird am Seegrund angesaugt und durch eine Phosphateliminationsanlage gezogen. Diese Anlage mit dem stolzen Preis von einer Milliarde DM war zu Mauerzeiten nötig, da die DDR quasi unbehandeltes Abwasser nach West-Berlin schickte und mehrfach samstags, wenn alle Waschmaschinen liefen, Straßen gesperrt werden mussten, weil sich meterhohe Schaumberge auf Tegel zu wälzten.

An der Rauchstraße verlässt uns der Radweg Berlin–Kopenhagen. Dieser führt auf ruhigen asphaltierten Wegen meist am Ufer von Spree und Spandauer Schifffahrtskanal in die Berliner Innenstadt. Wir bleiben am rechten Havelufer, wobei man oft das Tempo reduzieren muss, weil man sich die Wege mit Fußgängern teilt und auf die Schilder achten sollte. An mehreren Stellen fehlt leider noch der direkte Weg an der Havel, so dass man mehrfach im Zickzack weg vom Ufer geführt wird.

19
nach Charlottenburg
nach Charlottenburg
Grune-
wald
Grune-
wald
Havelberg
97
ehem. Schieß-
stände
Schlachtensee
AVUS (ehem. Rennstrecke)
115
3 Spanische Allee
S Nikolassee
Scharfe
Lanke
Pichels-
werder
Karlsberg
61
Dachsberg
Schild-
horn
Grunewald-
turm
Havel
Havel
Lindwerder
Autobahn-
raststätte
Grunewald
PTI
JH
Wein-
meister-
höhe
Karolinen-
höhe
Gatow
Hist. Mühle
8,6
37,
Hohen-
gatow
Havel
Gut Neukladow
Schwanen-
werder
Strandbad
Wannsee
Großer
Wannsee
20
ehem.
Rieselfelder
Rieselfelder
Gatower
Heide
Fähre Kladow-Wannsee
Berliner
Wannseevilla
Wannsee
Brandenburg
Berlin
Chaussee
Landschafts-
friedhof Gatow
Siedlung
Habichtswald
ehem. Flugplatz
Berlin-Gatow
Luftwaffen-
museum
Alter Tower
Kladower Damm
PF
Imchen
Forst
Liebermann-Villa
Seeburg
Engelsfelde
ehem.
Rieselfelder
Groß
Glienicker
Heide
Potsdamer
Außenweg
2
RR2
Schildach-
kirche
Kladow
Ritterfelddamm
Krampnitzer Weg
Kälber-
werder
Havel
Pfauen-
insel
NSG
Pfauen-
insel
nach Groß Glienicke
nach Groß Glienicke

13597 Berlin-Spandau

ⓘ Touristinformation
Berlin-Spandau im
Gotischen Haus
Tel.: 030 / 3339388

13599 Berlin-Spandau

🏛 Zitadelle Spandau,
Stadtgeschichtliches
Museum
Tel.: 030 / 3549440

Im Zentrum von **Spandau** erreichen wir die Schleuse und mit einem Abstecher nach links über die Havelbrücke die Zitadelle. Südlich der Zitadelle beginnt die Altstadt.

Die **Zitadelle Spandau** ist einer der wichtigsten Renaissancefestungen Mitteleuropas. Sie wurde im 16. Jh. von Italienern errichtet. Wesentlich älter ist der Juliusturm, der im Wesentlichen aus der Gotik stammt. Durch den schlechten Baugrund senkte und neigte sich der Turm. Der preußische Stararchitekt Schinkel hat Anfang des 19. Jh. den Zinnenkranz neu aufgebaut und ihn so verschoben, dass er wieder gerade sitzt.

Von 1874 bis 1919 lagerten die französischen Staatsreserven hier (ca. 120 Millionen Goldmark), die die Deutschen als Kriegsbeute hier deponiert hatten. Dafür baute man dem Turm eine drei Tonnen schwere Panzertür ein, die heute noch zu besichtigen ist.

Spandau ist (genau wie Köpenick am anderen Ende der Stadt) stolz darauf, als Stadt älter als Berlin zu sein. Die Altstadt ist heute Fußgängerzone, aber Krieg und später die Abrissbirne der 1960er- und 1970er-Jahre haben das Stadtbild beeinträchtigt. Sehenswert ist die **Nikolaikirche**, eine gotische Hallenkirche, die im Inneren einen 8 m hohen Renaissancealtar beherbergt. Der Altar wurde vom Baumeister der Zitadelle 1581 gestiftet. Nikolaus ist auch der Patron der Seefahrer, die Türme der Nikolaikirchen sind meist vom Wasser aus weit zu sehen und Wegweiser gewesen. Von dieser Kirche aus breitete sich 1539 die Reformation in Brandenburg aus. Daher steht davor die Statue des Kurfürsten der sie einführte. Berlins ältestes Bürgerhaus, das gotische Haus, beherbergt ein Museum und die Stadtinformation.

Südlich der Altstadt geht es entlang der Uferpromenade unter den Eisenbahnbrücken durch, der Bahnhof Spandau liegt wenige hundert Meter weiter rechts.

Zitadelle Spandau

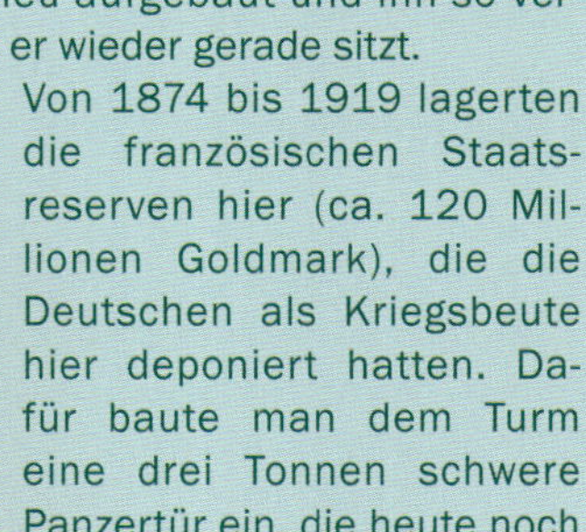

Tipp:

Wer zum Bahnhof fährt, findet gegenüber auf der Nordseite einen Eispavillon eines der bekannteren lokalen Anbieter.

Anfänglich auf der Promenade, später auf ruhigen Nebenstraßen (Götelstraße) verlassen wir Spandau und überqueren die breite Heerstraße. Diese Straße war zu Kaiser- und Nazi-Zeiten die schnelle Verbindung für das Militär vom Döberitzer Übungsplatz zum Berliner Zentrum.

In **Alt Pichelsdorf** biegen wir vor dem Ufer der Scharfen Lanke nach rechts ab und folgen ein langes Stück dem Havelufer. Nur im alten Dorf **Gatow** ist am Ufer kein Platz und wir müssen etwa hundert Meter neben dem Verkehr auf dem schmalen Radweg fahren. Wenn sich rechts der Straße wieder die alten Rieselfelder ausbreiten, heißt es, auf den kleinen Weg nach links (beschildert) abzubiegen. Jetzt bleiben wir bis zur Fähre nach Wannsee wieder am Ufer. Auf der anderen Seeseite erstreckt sich der berühmte Grunewald mit seinen eiszeitlichen Moränen. Markant am Wasser auf einem Sandhügel steht der Grunewaldturm mit seiner schönen Aussicht und Ausflugsterrassen.

Eine besonders schöne Ecke auf unserem Ufer ist der **Gutspark** von **Neukladow**. Im aufkommenden Gründerwahn des 19. Jh. versuchte man, hier reiche Bürger anzusiedeln und die Gegend zu parzellieren. Das scheiterte an der ungünstigen Anbindung nach Berlin. Heute bemüht sich eine Bürgerstiftung um Erhalt bzw. Wiederbelebung von Park und Villa.

Von hier aus ist es nur noch ein Katzensprung unter einer schattigen Allee bis zum Fähranleger von **Kladow**.

Tipp:

Die Fähre nach Wannsee verkehrt stündlich jeweils zur Minute 30, in Gegenrichtung zur vollen Stunde. Die Wartezeit kann man in einer der zahlreichen Gaststätten und Imbisse am Ufer überbrücken.

Während der Überfahrt sieht man linkerhand **Schwanenwerder**, Berlins Bonzeninsel. Hier lebten Karstadt, Rothschild, Speer, Goebbels,

14089 Berlin

🏛 Militärhistorisches Museum der Bundeswehr, Flugplatz Berlin-Gatow

Tel.: 030 / 36872601

Blick von Gatow zum gegenüberliegenden Ufer mit dem Grunewaldturm

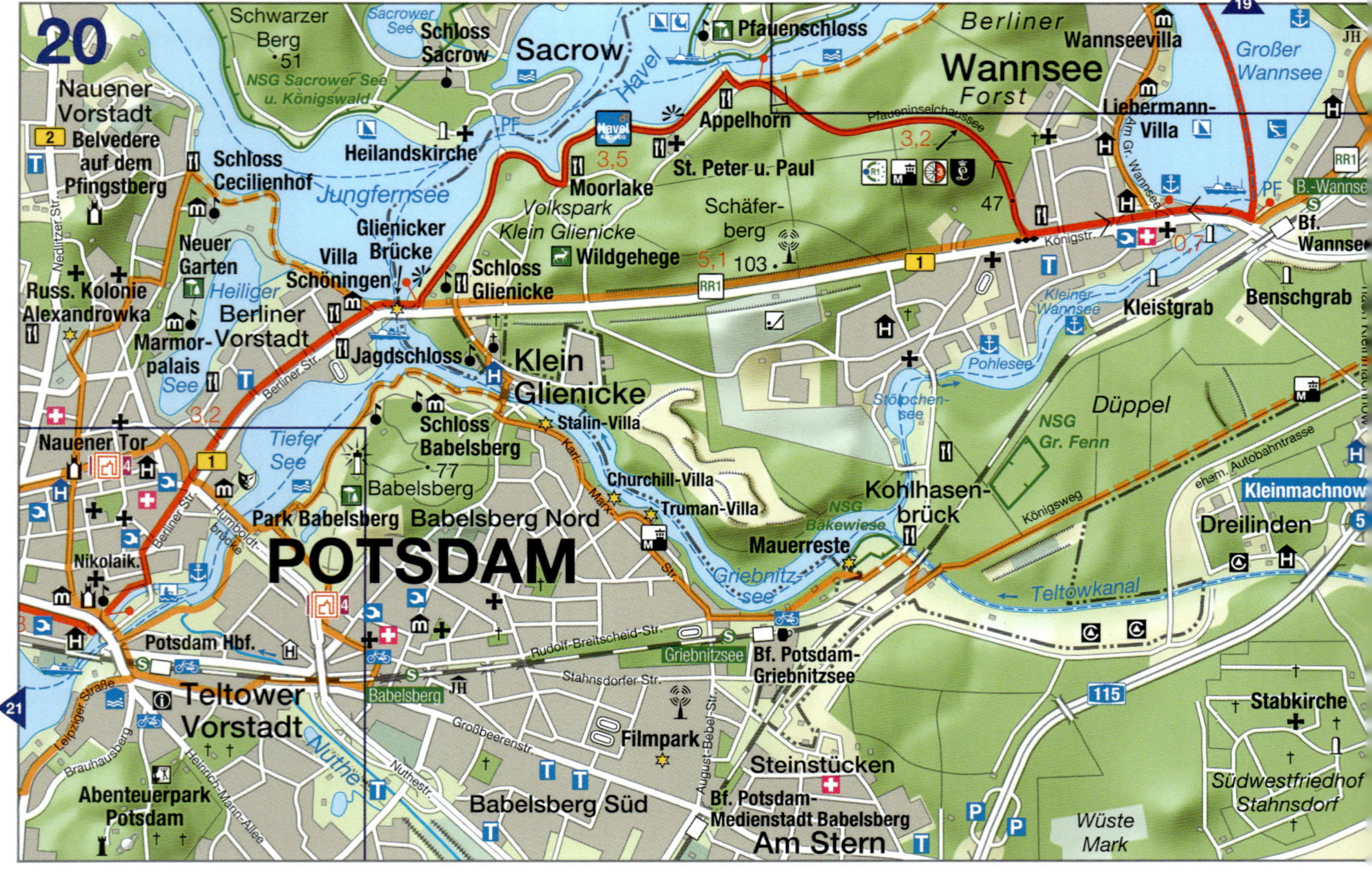

20
19
21
Nauener Vorstadt
Belvedere auf dem Pfingstberg
Schwarzer Berg 51
NSG Sacrower See u. Königswald
Sacrower See
Schloss Sacrow
Sacrow
Pfauenschloss
Berliner
Wannseevilla
Wannsee
Forst
Großer Wannsee
JH
Heilandskirche
Appelhorn
Pfadeninselchaussee
Liebermann-Villa
Havel Radweg
3,5
St. Peter u. Paul
3,2
Schloss Cecilienhof
Jungfernsee
Moorlake
Volkspark Klein Glienicke
Schäfer-berg
47
RR
B.-Wannsee
Neuer Garten
Villa Schöningen
Glienicker Brücke
Schloss Glienicke
Wildgehege
5,1
103
Bf. Wannsee
Russ. Kolonie Alexandrowka
Heiliger See
Berliner Vorstadt
1
RR1
0,7
Kleiner Wannsee
Kleistgrab
Benschgrab
Marmor-palais
3,2
Jagdschloss
Klein Glienicke
Pohlesee
Düppel
Nauener Tor
1
Tiefer See
Schloss Babelsberg
77
Stalin-Villa
Karl-
Stölpchen-see
NSG Gr. Fenn
ehem. Autobahntrasse
Kleinmachnow
Nikolaik.
Babelsberg
Park Babelsberg
Babelsberg Nord
Churchill-Villa
Truman-Villa
Kohlhasen-brück
Königsweg
Dreilinden
POTSDAM
Marx-
Mauerreste
NSG Bäkewiese
Teltowkanal
Potsdam Hbf.
Teltower Vorstadt
Griebnitz-see
Griebnitzsee
Bf. Potsdam-Griebnitzsee
Nuthe-
Babelsberg
JH
Rudolf-Breitscheid-Str.
Stahnsdorfer Str.
115
Stabkirche
Abenteuerpark Potsdam
Brauhausberg
Heinrich-Mann-Allee
Nuthestr.
Großbeerenstr.
Filmpark
August-Bebel-Str.
Steinstücken
Südwestfriedhof Stahnsdorf
Leipziger Straße
Babelsberg Süd
Bf. Potsdam-Medienstadt Babelsberg
Am Stern
Wüste Mark
Neclitzer Str.
Berliner Str.
Humboldt-brücke
Königstr.

Springer etc. Man erzählt sich, die Nazis hätten sich sehr geärgert, dass bei Monopoly „Schwanenwerder" die teuerste Straße war. So wurde im Spiel in späteren Auflagen der Name in die unverfängliche Schlossallee umgetauscht.

In **Wannsee** gelandet, wenden wir uns nach rechts und fahren zwischen Großem und Kleinem Wannsee Richtung Potsdam.

Abstecher: Liebermannhaus und Haus der Wannseekonferenz
Biegt man hinter der Brücke zwischen den beiden Seen nach rechts in die Straße „Am Großen Wannsee", so findet man zwei Gedenkorte.
Liebermannhaus und **Haus** der **Wannseekonferenz**.

Zunächst stößt man auf die Villa, in der der jüdische Maler Max Liebermann seine Sommer verbrachte. Er war Präsident der Akademie der Künste. Unvergessen ist sein Urteil über das Naziregime: „Ick kann jar nich soville fressen, wie ick kotzen möchte." Die 1942 auf der Wannseekonferenz beschlossene „Endlösung der Judenfrage" musste Liebermann nicht mehr erleben, er starb 1935. Das Haus, in dem die Konferenz stattfand, ist ein Stück weiter die Straße entlang und beherbergt heute ein Museum.

Tipp:
Wer sich auf diesen Abstecher begibt, muss nicht wieder die Straße zurück, sondern kann den zwar unbefestigten aber gut befahrbaren Uferweg folgen, dabei auf Fußgänger achten. An der Pfaueninsel stößt man wieder auf den eigentlichen Havel-Radweg.

Wenn der Wald anfängt, geht es nach rechts in die „Pfaueninselchaussee". Die Straße Richtung Pfaueninsel ist komplett für Autos gesperrt, nur der BVG-Bus und wir dürfen sie nutzen.

Tipp:
Die **Pfaueninsel** ist ein Kleinod sowohl was Natur als auch Kultur angeht und lohnt eine

14109 Berlin
🏛 Haus der Wannsee-Konferenz
Tel.: 030 / 8050010
🏛 Liebermann-Villa am Wannsee
Tel.: 030 / 80585900

Die Liebermann-Villa am Wannsee.

14109 Berlin

🏛 Schloss Glienicke
Tel.: 0331 / 9694-200

14467 Potsdam

🏛 Villa Schöningen
Tel.: 0331 / 2001741

Blick auf die Pfaueninsel

Besichtigung. Man erreicht sie mit einer Fähre, die aber nicht mit dem Rad zu nutzen ist. Der Eintritt kostet samt Überfahrt 4 € und ist lohnend.

„Das ganze Eyland muss ein Paradies werden..." hieß es bevor König Friedrich Wilhelm II. die später genannte **Pfaueninsel** seiner Mätresse zum Geschenk machte. Er hatte sich die 13-jährige Tochter eines Trompeters als Freundin auserkoren. Diese Wilhelmine erwiderte später die Liebe durchaus und wusste daraus Gewinn zu erzielen. Auf sein Potsdamer Mamorpalais ließ er eine verglaste Laterne setzen, von der aus er die Liebesinsel immer im Blick hatte und Lichtsignale senden konnte. Sie setzte sich dann in einen Kahn und ließ sich zum Schloss rudern. Als er starb, kam die mittlerweile erwachsene Frau erst in Kerkerhaft und wurde dann verbannt.

Von der Pfaueninsel geht es links am Ufer durch „Preußens Arkadien". Über uns ertönt zu jeder vollen Stunde das Glockenspiel der Hochzeitskirche Peter und Paul. Daneben liegt die Höhengaststätte Nikolskoe. Direkt am Uferweg lockt bald darauf die Ufergaststätte „Moorlake", ein Haus im Schweizer Stil gehalten.

Auf dem Potsdamer Ufer ragt die **Heilandskirche** am Port zu **Sacrow** ins Wasser. Der Name Sacrow ist eigentlich slawisch und bedeutet schlicht „Ort hinter dem Busch". Aber König Friedrich Wilhelm IV. von Preußen schrieb immer „Sacro", weil er so fromm war. Heimat und Volk waren ihm fremd, sonst hätte er wohl kaum die Bauern nahe der Kirche enteignet und umgesiedelt. Von 1961 bis 1989 lag die Kirche unzugänglich im DDR-Grenzgebiet.

Links von uns breitet sich das Ensemble des Volksparks **Klein Glienicke** aus.

Tipp:

Versäumen Sie nicht vom Rad zu steigen und ein paar Schritte durch den Park zu schieben. Kleine Architekturen mit Zutaten, die sich Prinz Karl aus Italien nachbringen ließ, bilden entzückende Blickpunkte im Park.

Die **Glienicker Brücke** ist berühmt für den Austausch von Spionen im Kalten Krieg. Ein regulärer Grenzübergang war sie aber seit 1952 nicht mehr. Bis auf diese wenigen Austauschaktionen war sie bis 1989 völlig dicht.

Auf der Potsdamer Seite erinnert ein privates Museum in der **Villa Schöningen** an diese Zeiten. Ein ehemaliger Grenzsoldat arbeitet in diesem Museum und steht für Nachfragen zur Verfügung.

Die Beschilderung für den **Havel-Radweg** führt direkt, meist neben Hauptstraßen durch Potsdam durch. Mit kurzen Umwegen kann jedoch auch der eilige Reisende einen Teil der Sehenswürdigkeiten der Stadt entdecken. Auf der Karte kann man sehen, dass die Einfahrt nach Potsdam ebenso gut über **Cecilienhof** und Alexandrowka als auch über den Uferweg am Park Babelsberg geschehen kann. Alle drei Routen treffen am südlichen Rand der Innenstadt beim Stadtschloss und der Nikolaikirche wieder zusammen. Über die Lange Brücke ist von dort schnell der Hauptbahnhof erreicht.

Hauptroute:

Schnell gelangt man auf den Radwegen an der Berliner Straße Richtung Innenstadt. Der Havel-Radweg führt dann vom Posthof vor der Alten Post bis zur Langen Brücke abseits der Bundesstraßen weiter. Dabei kommen wir an der Freundschaftsinsel vorbei. Allerdings kommt man auf der Uferpromenade nur langsam voran, weil hier viele Familien mit Kindern die Enten füttern. Von dort sehen wir schon den Alten Markt mit der Nikolaikirche, die historischen Keimzelle Potsdams.

Variante Cecilienhof–Alexandrowka:

Für die Route zum Schloss **Cecilienhof** biegen wir gleich hinter der Glinicker Brücke nach rechts am Ufer in die Schwanenallee und in den **Neuen Garten**.

Cecilienhof verbindet fast jeder mit 1945 und dem Potsdamer Abkommen. Stalin, Truman und Churchill verhandelten hier über die Aufteilung Deutschlands. Eine Ausstellung ist diesem Thema gewidmet und selbst der Sowjetstern im Hof aus roten Blumen wird jedes Jahr nachgepflanzt. Das Anwesen

14469 Potsdam

🏛 Schloss Cecilienhof
Tel.: 9694-244

Im Schloss Cecilienhof befindet sich u. a. eine Gedenkstätte für die Potsdamer Konferenz.

Im ehemaligen Aufseherhaus Alexandrowkas kann man die originale Soljanka kosten – oder etliche andere Leckereien. Baba Jaga und Väterchen Frost lassen sich auch mal blicken.

bekam übrigens seinen Namen von Herzogin (und spätere Kaiserin) Cecilie, die den preußischen Kronprinzen Friedrich Wilhelm heiratete. Als Kind wuchs Cecilie aus dem Haus Mecklenburg-Schwerin im Jagdschloss Gelbensande auf. In Erinnerung an dieses im Cottage-Stil erbaute Schlösschen, ließ sie es 1916 mit allem Komfort der damaligen Zeit für ihre kinderreiche Familie als Wohnschloss errichten.

Vom Cecilienhof radeln wir auf dem asphaltierten aber autofreien Ökonomieweg bis zum Ende des Neuen Gartens. Dort rechts in die Große Weinmeisterstraße und links in die Beyerstraße und über die Tramgleise auf den Parkweg der **Alexandrowka**.

Die russische Holzhaussiedlung **Alexandrowka** wurde 1827 im Auftrag des Königs durch Lenné geplant. Sie diente der Unterbringung ehemaliger russischer Kriegsgefangener. Diese konnten hier ein relativ angenehmes Leben führen. Allerdings mussten sie dafür auch immer singen, wenn es dem König danach war. Das dazugehörige Museum klärt über die Entstehung dieser Siedlung auf. Freunde der russischen Küche können im Aufseherhaus einkehren.

Die beruhigte Ebertstraße führt uns durch das **Nauener Tor** in das barocke Stadtzentrum. Linkerhand liegt das **Holländische Viertel**, rechts kann man über die Radwege der Hegelallee schnell den Park von Sanssouci erreichen.

Das **Nauener Tor** ist älter als es scheint: Natürlich ist es Neogotik, aber nicht aus dem 19. Jh., sondern aus der Mitte des 18. Jhs. Es stammt aus der Feder Friedrich II. und ist eines der ersten größeren neogotischen Gebäude weltweit!

Variante Park Babelsberg:
Noch vor der **Glienicker Brücke** radeln wir auf dem „Berliner Mauerweg" nach links, überqueren die **Königstraße**, bis wir mittels der **Lankestraße**

die Glienicker Lanke überqueren können. Wir radeln durch den Park Babelsberg und weiter am Ufer bis wir den Potsdamer Hauptbahnhof und die Lange Brücke erreichen. Auf dieser überqueren wir den Fluss und treffen am neu erbauten Stadtschloss wieder auf die Hauptroute.

Wir empfehlen, sich mindestens einen Tag Zeit zu nehmen, um die Landeshauptstadt Brandenburgs zu entdecken.

Potsdam ist Hauptstadt und mit über 160.000 Einwohnern die größte Stadt des Landes Brandenburg. Berühmt geworden ist die einstige Residenzstadt der Könige von Preußen durch ihre Schlösser und Gärten, die zu den UNESCO-Welterbestätten zählen. Am berühmtesten ist der Park Sanssouci, wo sich mit dem gleichnamigen Schloss, dem Neuen Palais und Charlottenhof gleich drei Schlossbauten aus unterschiedlichen Epochen befinden. Erst aus dem 20. Jahrhundert stammt das Schloss Cecilienhof im Norden der Stadt, hier unterzeichneten nach dem Zweiten Weltkrieg die Siegermächte das Potsdamer Abkommen. Im Osten Potsdams liegen Schloss und Park Babelsberg am Ufer der Havel. Hinzu kommen weitere kleine Schlösser im Stadtgebiet. Das Stadtschloss wurde im Zweiten Weltkrieg zerstört, die Reste 1960 beseitigt. An seiner Stelle steht der 2014 eröffnete Landtag, dessen Fassade die historische Schlossfassade aufgreift. Auch die Innenstadt erlitt im Krieg starke Zerstörungen. Dennoch birgt auch sie viele Sehenswürdigkeiten, darunter das Holländische Viertel (einst für niederländische Siedler gebaut), das Brandenburger und das Nauener Tor. Nördlich des Zentrums erinnert die Alexandrowka an die russischen Traditionen der Stadt. Das Stadtbild ist stark geprägt von der Havel wie von vielen großen und kleinen Seen. Der Ortsteil Babelsberg im Osten der Stadt war unter dem Namen „Nowawes" eine Kolonie für böhmische Weber. Nördlich des dortigen S-Bahnhofs findet man noch ihre kleinen Häuschen. Erst 1938 wurde Babelsberg, was lange Zeit sogar mehr Einwohner als Potsdam hatte, eingemeindet.

14467 Potsdam

ⓘ Touristinformation Potsdam Hauptbahnhof
Tel.: 0331 / 27558899

ⓘ Touristinformation Brandenburger Tor
Tel.: 0331 / 27558899

🏛 Filmmuseum Potsdam
Tel.: 0331 / 27181-0

🏛 Haus der Brandenburgisch-Preußischen Geschichte
Tel.: 0331 / 6208550

🏛 Jan Bouman Haus
Tel.: 0331 / 2803773

🏛 Museum FLUXUS
Tel.: 0331 / 6010890

🏛 Potsdam Museum – Forum für Kunst und Geschichte
Tel.: 0331 / 2896868

🏛 Naturkundemuseum Potsdam
Tel.: 0331 / 2896701

14467 Potsdam

ⓘ Touristinformation
Brandenburger Tor
Tel.: 0331 / 27558899

*Potsdams
Nikolaikirche*

5. Etappe

Die 5. Etappe beginnen wir am Alten Markt nahe dem Hauptbahnhof von Potsdam. Von Bahnhof fahren wir über die Havel nach rechts, Richtung Innenstadt, auf die **Nikolaikirche** zu. Wenn wir den Havel-Radweg erreicht haben, fahren wir weiter nach links immer entlang der Breiten Straße.

Die **Nikolaikirche** ist mindestens die dritte Kirche an dieser Stelle. 1721 wurde die alte Kirche abgerissen und ein repräsentativer Neubau mit der Kopie der Fassade von Santa Maria Maggiore in Rom gebaut. Bereits 1796 brannte diese Kirche ab. 1811 wurde auch ihre Fassade abgetragen, da sie nicht mehr dem Zeitgeschmack entsprach. Stararchitekt K. F. Schinkel hatte gerade seine Englandreise vollendet und eine Skizze von St. Paul's Cathedral mitgebracht. Diese zeigte er dem noch nicht regierenden Prinzen, dem späteren König Friedrich Wilhelm IV., der sofort begeistert war. Nun musste nur Papa Friedrich Wilhelm III. dazu gebracht werden, wenigstens den Unterbau so stabil zu bauen, dass Sohnemann später die Kuppel draufsetzen konnte, was man auch ganz geschickt hinbekam. Schinkel konnte das zwar nicht mehr erleben, aber seine Schüler Stüler und Persius vollendeten den Bau, der in seiner heutigen Form erst ca. 1850 fertig wurde. Die äußere Kuppel ist aus Gusseisen und vom bekannten Berliner Industriellen Borsig geschaffen. Der schlechte Unterbau hätte eine steinerne Kuppel vermutlich auch nicht getragen.

Seitlich gelangen wir an das **Stadtschloss** dessen Fassade wieder erstanden ist und heute den Landtag beherbergt. „Ceci n'est pas un château" steht an der rosa Flanke des Hohen Hauses. Der

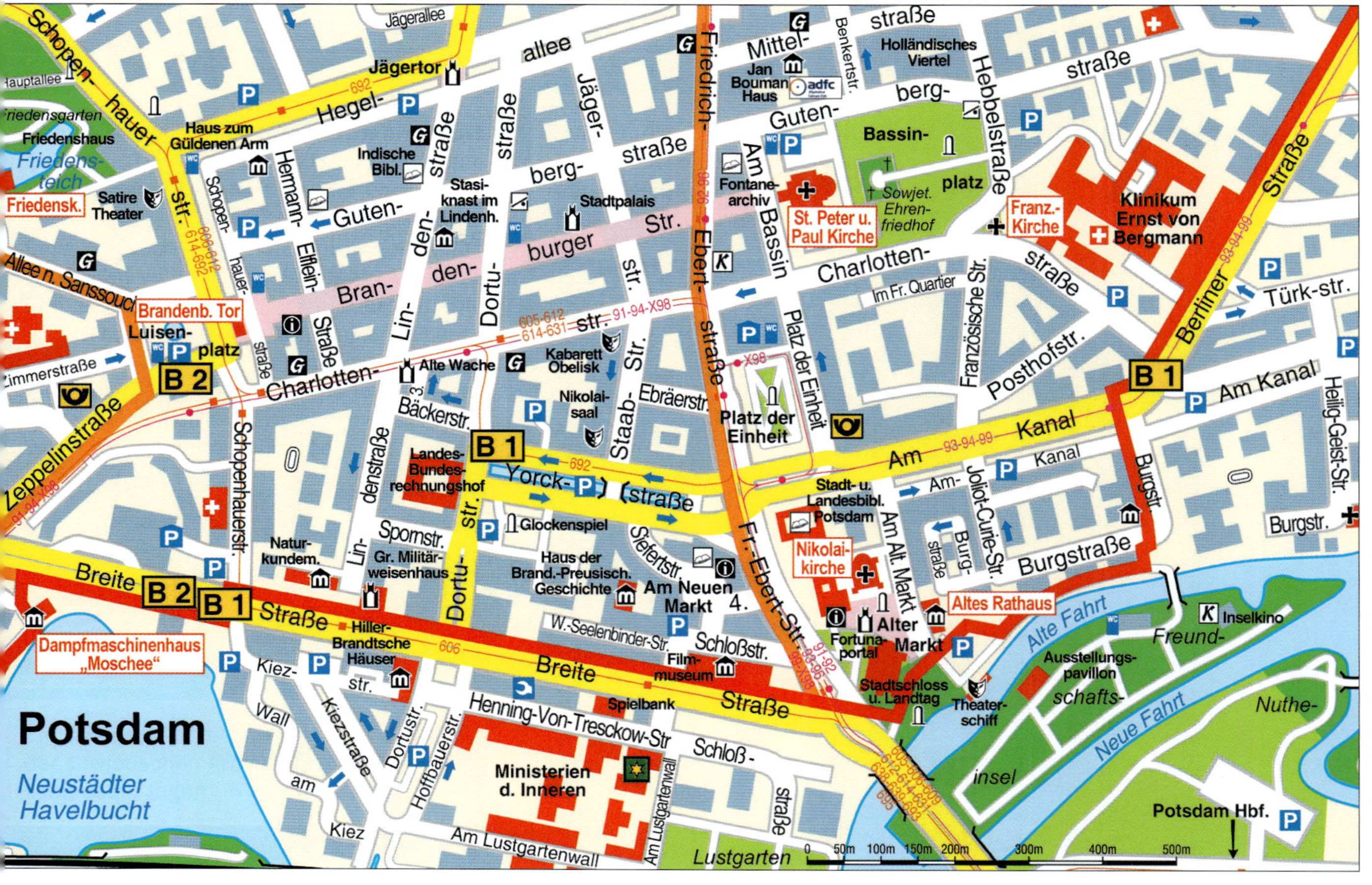

Potsdam
Neustädter
Havelbucht

Schopen-hauer
Hauptallee
Jägerallee
Jäger-allee
Hegel-straße
Jägertor
Haus zum Güldenen Arm
Friedensgarten
Friedenshaus
Friedens-teich
Friedensk.
Satire Theater
Allee n. Sanssouci
Indische Bibl.
Guten-straße
Hermann-
Elflein-
Stasiknast im Lindenh.
Stadtpalais
Jäger-straße
berg-straße
Mittel-straße
Jan Bouman Haus
adfc
Benkerstr.
Holländisches Viertel
straße
Guten-berg-straße
Bassin-platz
Hebbelstraße
Klinikum Ernst von Bergmann
Fontane-archiv
Am Bassin
Sowjet. Ehren-friedhof
Franz.-Kirche
Berliner Straße
Bran-den-burger Str.
Lin-den-straße
Dortu-straße
St. Peter u. Paul Kirche
Charlotten-
Im Fr. Quartier
Französische Str.
straße
Posthofstr.
Türk-str.
Brandenb. Tor
Luisen-platz
Charlotten-
Alte Wache
Kabarett Obelisk
Nikolai-saal
Staab-Str.
Ebräerstr.
Platz der Einheit
X98
Am Kanal
Heilig-Geist-Str.
Zimmerstraße
Zeppelinstraße
Schopenhauerstr.
Straße
Bäckerstr.
Landes-Bundes-rechnungshof
Yorck-[straße]
Platz der Einheit
Am Kanal
Kanal
Burgstr.
Naturkundem.
Lin-denstraße
Spornstr.
Gr. Militär-weisenhaus
Glockenspiel
Siefertstr.
Haus der Brand.-Preusisch. Geschichte
Am Neuen Markt
Stadt- u. Landesbibl. Potsdam
Nikolai-kirche
Am Alt. Markt
Joliot-Curie-Str.
Burg-straße
Burgstraße
Burgstr.
Dampfmaschinenhaus „Moschee"
Breite
Straße
Hiller-Brandtsche Häuser
Dortu-str.
W.-Seelenbinder-Str.
Schloßstr.
Fr.-Ebert-Str.
Fortuna-portal
Alter Markt
Altes Rathaus
Inselkino
Ausstellungs-pavillon
Alte Fahrt
Freund-schafts-
Kiez-str.
Hoffbauerstr.
Henning-Von-Tresckow-Str.
Spielbank
Film-museum
Breite Straße
Stadtschloss u. Landtag
Theater-schiff
Neue Fahrt
Nuthe-
Wall
am
Kiez
Kiezstraße
Schloß-straße
Ministerien d. Inneren
Am Lustgartenwall
Lustgarten
insel
Potsdam Hbf.
0 50m 100m 150m 200m 300m 400m 500m
B 2
B 1
692
605-612 614-631
91-94-X98
93-94-99
606

21
Golm
Eiche
Neues Palais
Schloss Sanssouci
Park Sanssouci
Lustgarten
Nauener Tor
Hegelallee
Nikolaik.
Berliner Str.
Humboldt-brücke
Park Babelsberg
Kuhfort
Schloss Charlottenhof
Zeppelinstr.
Breite Str.
1,3
Potsdam Hbf.
Bf. Park Sanssouci
(Kaiserbahnhof)
West
Brandenburger Vorstadt
PF
Templiner Vorstadt
Teltower Vorstadt
Nuthe
82
Brauhausberg
Heinrich-Mann-Allee
Abenteuerpark Potsdam
Havel
Hermanns-werder
Einstein-turm
7,5
Deutscher Wetterdienst
POTSDAM
Bf. Potsdam-Pirschheide
See
Baum-gartenbrück
Handweberei-Aktives Museum
83
Schäfereiberg
Zeppelinstr.
1
Havel
Treppen
F1
Siedlung Eigenheim
Pirschheide
Geltow
Kletterturm
Waldstadt
71
Franzens-berg
Templiner
114
Kleiner Ravensberg
2
53
2,1
Petzinsee
NSG Moosfenn
Schwielowsee
nach Caputh
nach Caputh
zum Einsteinhaus und Schloss Caputh
nach Michendorf
Sandokan
20
Tiefer See
22

Innenhof des Gebäudes ist von der Nordseite aus zugänglich.

Die Innenstadt Potsdams tangieren wir südlich auf den Radwegen an der Breiten Straße, wobei wir am heutigen **Filmmuseum** im alten Marstall des Stadtschlosses vorbeikommen.

Der Bau stand nach Plänen des Barockbaumeisters Nering ab 1685 zuerst als Orangerie, wurde später durch Georg Wenzelaus von Knobelsdorff umgebaut und als **Marstall**, also Pferdestall genutzt. Der Lustgarten wurde zum Exerzierplatz umgewandelt. Den neuen Zweck des Gebäudes veranschaulichte der Bildhauer F. C. Glume, indem er nackte Männer mit Pferden auf dem Dach des Hauses tanzen ließ. Glumes Vater war auch schon Bildhauer, dessen Werk begegnen wir später am Denkmal des Großen Kurfürsten in Rathenow. Seit 1981 beherbergt das Gebäude das **Filmmuseum**, welches an die Filmuniversität Babelsberg „Konrad Wolf" angegliedert ist.

Am **Pumpenhaus für Sanssouci** biegen wir an der Ampel links ab.

Die **Pumpe für Sanssouci** wird von den Potsdamern schlicht die „Moschee" genannt. Der Schinkelschüler Persius verkleidete die Pumpe von Borsig auf Wunsch von Friedrich Wilhelm IV. als Moschee. Der Schornstein wurde als Minarett gestaltet.

Von hier kann man über einen kurzen Abstecher den Luisenplatz mit dem Brandenburger Tor und den Eingang zum Park Sanssouci erreichen. Auf dem in Ost-West-Richtung durch den Park vorbei am Schloss Sanssouci zum Neuen Palais führenden Ökonomieweg ist, im Gegensatz zu den anderen Parkwegen, Fahrrad fahren erlaubt.

Der Havel-Radweg führt nach der Kreuzung Breite Straße/Zeppelinstraße auf den Wegen am Ufer weiter aus Potsdam. Noch ein Stück rollen wir durch eine Plattenbausiedlung auf der Straße Am Kiewitt, dann halten wir uns vor dem Ufer rechts und sind endgültig wieder im Grünen. Die **Ausfahrt** aus Potsdam erfolgt auf der Promenade am nordwestlichen Havelufer (auf Fußgänger achten).

Wir genießen die Sonnenseite der Potsdamer Havel mit ihren Marinas, Sportstätten und Einkehr-

🏛 Filmmuseum Potsdam
Tel.: 0331 / 27181-0
🏛 Dampfmaschinenhaus
Tel.: 0331 / 9694-200

Das Pumpenhaus in Potsdam beherbergt eine Dampfmaschine.

14548 Schwielowsee
OT Caputh
ⓘ Touristinformation
Tel.: 033209 / 70899

möglichkeiten. Prestigebauten von Investoren und Banken zeigen die neue Zeit an.

Nach einigen Kilometern, hinter einem großen Tagungshotel, unterqueren wir den Eisenbahn-außenring.

Zunächst mussten 3 Millionen Kubikmeter Sand in den See geschüttet werden, bis man den neuen **Hauptbahnhof** (heute Bahnhof Pirschheide) im Wald bauen konnte. Dann wurde die Strecke nach Berlin-West gekappt. Wenn die Potsdamer damals in ihre Hauptstadt der DDR fahren wollten, dann scherzten sie: „lasst uns den Sputnik nehmen, der fährt schnell drum rum".

Wir erreichen jetzt die Potsdamer **Pirschheide**, ein Gebiet, was unter den Hohenzollern für Treibjagden genutzt wurde. Ein Campingplatz mit Gaststätte liegt am Ufer der Havel, die sich hier Templiner See nennt. Anschließend rollen wir weiter auf guten und ruhigen Wegen am Ufer des Petzinsees an **Geltow** vorbei.

Abstecher Caputh:

Kurz hinter dem Petzinsee (Geltower Chaussee) haben wir die Möglichkeit für einen Abstecher per Fähre nach Caputh. Hier sind das Schloss und das Sommerhaus Einsteins von besonderem Interesse.

Entlang der Potsdamer Havel

Der Radweg kreuzt die Straße zur Havelfähre und führt ruhig und schattig durch den Wald nach Baumgartenbrück. Hier lockt wieder eine Ausflugsgaststätte. Direkt hinter dem Biergarten schieben wir steil auf die Brücke hoch. Die Beschilderung führt dann direkt an der B1 nach **Werder**.

Sehr empfehlenswert ist ein **Abstecher nach Petzow**.

In **Petzow** ließ Friedrich Wilhelm IV. von Schinkel auf der höchsten Erhebung eine Kirche bauen. Der Aufstieg auf den Turm lohnt, erfordert aber im oberen Teil etwas Gelenkigkeit. Das Dorf gilt als das am besten erhaltene Ensemble der Romantik im Land. Alles ist mit Bauten von Schinkel und Lenné wie durchtränkt. Rund um den Haussee findet man noch eine Fischerhütte, das Waschhaus mit Heimatmuseum und die Alte Schmiede, die ein Restaurant beherbergt. Einer der schönsten Landschaftsgärten Lennés erstreckt sich vom Schloss zum Ufer des Schwielowsees. Nicht nur Fontane beschreibt die Gegend sehr genau. Dank eines Erholungsheims für Schriftsteller (1955–1990) floss der kleine Ort in mehrere literarische Werke ein.

14542 Petzow

🏛 Heimatmuseum
Tel.: 03327 / 668379

Schloss Petzow

22
21
Leest
Grube
Nattwerder
Kolonistenkirche
Einhaus
F2 F3
KT F2 F3
F3
Schloss
Gut Golm
Gr. Zernsee
NSG Wolfsbruch
Leest
Töplitz
Leester Str.
An der Havel
Zehn- see
Kleiner
Wohngebiet Havelauen
Kolonie Zern
10
F33
F3
6,3
23
Phöben
E55
Phöbener Chaussee
Phöbener Str.
Haak- berg
Wachtelberg
84
Kemnitz
F36
Treppen
Adolf-Damaschke-Str.
Eisenbahnstr.
Kesselgrundstr.
Bf. Werder
74 (Havel)
Kesselberg
Wildpark West
Inselstadt
1,9
Heilig- geistk.
Obstbaummuseum u. Bockwindmühle Werder
Potsdamer Str.
WERDER (Havel)
Bismarckhöhe
Stadtpark
Werderaner Wachtelburg
1,8
Moosfennstr.
Brandenburger
Krugweg
Straße
Straße
1,9
2,5
Streng- brücke
Berliner Chaussee
Fercher Str.
R34
44
Riegelberg
Baum- garten- brück
53
F1
Glindower See
Glindow
Berliner Chaussee
Glindower Chaussee
Plessow
Großer Plessower See
Gutshaus Glindow
Erzeugermarkt Glindow
Kirschenhof
1
NSG
62
Märkisches
Elisabethhöhe
Obstbau u.
nach Plötzin
nach Derwitz
1
N
23
24
Phöben

Tipp:
Der **Hofladen Sandokan** nördlich der Petzower Kirche ist ein Jungbrunnen, hier gibt es Sanddornsäfte, Marmeladen und ein Restaurant mit Sanddorngerichten. Der Sanddorn wurde zu DDR-Zeiten dort angebaut, wo die Böden zu schlecht für den Obstanbau waren. Er enthält viermal mehr Vitamin C als die Zitrone.

Von **Petzow** kann man die direkte ruhige Fercher Straße nach Werder nehmen und spart sich so ein Stück des Radwegs an der B1. Die Beschilderung führt in der Stadt ein Stück an der B1 weiter, bis wir durch die ruhige Moosfennstraße ins Zentrum von **Werder** abbiegen können.

Zwischen der B1 und unserer Straße erheben sich die **Weinberge** von Werder auf denen Winzer zunehmend wieder guten Wein anbauen und keltern. An Sommerwochenenden ist die **Straußwirtschaft** Weintiene auf dem Wachtelberg geöffnet. Den Berg erreicht man von der B1 über den Weißweinweg und von der Potsdamer Straße über den Rotweinweg.

Werder bedeutet Flussinsel. Wenn wir also Werder erleben und verstehen wollen, folgen wir nicht einfach dem linken Havelufer auf dem Festland sondern fahren

14542 Werder (Havel)
ⓘ Touristinformation
Tel.: 03327 / 783374

Blick auf Werder

14542 Werder (Havel)
Obstbaumuseum
Tel.: 03327 / 783374
14669 Ketzin
Schloss Paretz
Tel.: 033233 / 736-11

rechts auf die Insel. Schon von der Brücke aus sehen wir rechts die Windmühle und dahinter die Kirche. Dazwischen liegt das **Obstbaumuseum**. Hier erfährt man zum Beispiel, dass schon 1890 2.000 Tonnen Obst per Schiff von Werder nach Berlin kamen. Friedrich II. setzte sich nicht nur für die Kartoffel ein, sondern auch für Obst. Unter seiner Regentschaft nahm der Obstanbau an der Havel weiteren Aufschwung.

Um den ersten Mai rum wird seit über 130 Jahren Baumblütenfest gefeiert. Das ist eines der größten Volksfeste in der Region. Seine Beliebtheit kommt daher, dass man das Obst in Form von Obstwein zu sich nimmt.

Namentlich zur Obstblüte lohnt sich ein Abstecher auf den **Werderaner Panoramaweg**. Von dort überblickt man die Obstbaumplantagen bis hinunter ins Haveltal. Auf einen Hügel südwestlich von Glindow ist ein historischer mechanischer Telegraph aufgestellt. Mit einem System von 62 Stationen, die auf Anhöhen standen, wurden Nachrichten optisch zwischen Berlin und der preu-

ßischen Rheinprovinz um Koblenz übermittelt. Das System war von 1832 bis 1845 in Betrieb.

Die Ausfahrt aus Werder erfolgt über die **Damaschkestraße** vorbei am Bahnhof und dann die nicht ganz ruhige **Phöbener Chaussee**, die aber über einen Radweg verfügt. Hinter der Autobahn wird die Strecke ruhiger und bald haben wir es wieder ganz ruhig, da wir in **Phöben** rechts abbiegen und ab jetzt bis Gollwitz viele Kilometer sehr einsam auf dem linken Havelufer entlangradeln können.

Der Fluss benötigt Deiche, um am Überfluten der Wiesen gehindert zu werden. Häufig können wir direkt auf dem Deich fahren. Die Strecke ist sehr dem Wetter ausgesetzt, Regen, Wind aber auch Sonne erreichen den Radler direkt.

Nach wenigen Kilometern erreichen wir die **Fähre Ketzin**. Der Havel-Radweg nutzt sie aber nicht, sondern bleibt am selben Ufer.

Abstecher:
Wer einen Abstecher in das „Schlösschen still im Land" der Königin Luise machen will, tut gut daran, mit der Fähre überzusetzen und auf dem (blau markierten E 10) Wanderweg am Ufer nach

Zachow
zur Pension Havelidylle
Schumacher-siedlung
KETZIN
(Havel)
23
Guten-paaren
NSG Ketziner Havelinseln
Paretzhof
Paretzer Erdlöcher
Mittel-bruch
Trebelsee
Langer
Werder
Paretz
4,4
Havel
Potsdamer Str.
Werdersche Str.
An d. Mühle
Schloss der Königin Luise
F3
Schilfort
68
Trebelberg
Schmergower
Sacrow-Paretzer-Kanal
F3
Mittel-busch
Deponie
Schmergow
Ketziner Siedlung
Bruch
Göttin-see
Zum Königsberg
Ziegelei
Dorfstr.
Deetzer Chaussee
Deetzer Siedlung
Ketziner Str.
Am Walde
F3.3 F3 4
Göttin
6
Deetz
90
Eichel-berg
Schmergower Str.
Alter Schmergower Weg
Grenzgraben
Phöbener Bruch
5,6
F3.1
54
Alter Weinberg
nach Krielow
Schmergower Straße
Torfgr.
22

Paretz zu radeln. Dort trifft man auch wieder auf den Königin-Luise-Radweg, der auf Seite 22 beschrieben wurde.

Schloss Paretz

Schloss Paretz wurde 1797 für den späteren König Friedrich Wilhelm III. und dessen Gemahlin Luise erbaut, die es mit ihren Kindern während ihrer Sommeraufenthalte in den Jahren 1797 bis 1805 bewohnten. Das klassizistische Schloss bildet mit dem Dorf ein Ensemble und ist ein Beispiel preußischer Landbaukunst. Nach dem frühen Tod der außerordentlich beliebten Königin Luise (1810) entwickelte sich das Schloss zu einem Gedenkort. Heutzutage erstrahlt es nach gründlicher Sanierung in seiner ursprünglichen Schönheit. In der Schlossremise sind historische Gefährte zu betrachten.

Der Havel-Radweg führt weiter nahe am Fluss an **Schmergow** vorbei. Dann müssen wir leider eine ehemalige Deponie umrunden. Dann kommt wieder ein sehr schöner Abschnitt am Ufer. In **Deetz** gibt es eine kleine Badestelle am Fluss. Etwa einen Kilometer hinter dem Ortskern liegt eine kleine **Fischgaststätte** am Weg. Es folgt eine reizvolle Passage, kleine Teiche, ehemalige Tonstiche auf der einen, der Fluss auf der anderen Seite.

Erst in **Gollwitz** hat die Pracht der Deichwege ein Ende und wir müssen wieder mal mit Radwegen an Straßen bis Brandenburg vorlieb nehmen. Wir erreichen **Brandenburg an der Havel** über die Potsdamer Straße. Die offizielle Einfahrt ist entlang der Straße Am Hauptbahnhof bis zum Bahnhof, dann rechts am Friedhof vorbei ins Zentrum.

Tipp:

Wir empfehlen die Einfahrt über die St.-Annen-Straße ins Zentrum zur Touristinformation am Neustädtischen Markt.

Stadtrunde:

Die historische Runde empfiehlt sich wegen des vielen Pflasters besser zu Fuß: vom Neu-städtischen Markt geht es zur **Katharinenkir-che**, dann durch die Hauptstraße und über die Jahrtausendbrücke an der kleinen **Johannis-kirche** vorbei zum **Slawendorf**. Danach führt der Weg durch das Plauer Tor in die Altstadt und zum Altstädter Rathaus mit **Rolandstatue** von 1474 und durchs Mühlentor zur **Gotthardkirche**. Von da geht man über den Grillendamm und rechts über den Fußgängersteg durch den Burg-hof zum **Dom**. Zurück kommt man durch den

Domkietz und die Brücke über die Näthewinde zurück zum Neustädter Markt. Wer jetzt noch Kraft und Zeit hat, dem ist ein Abstecher zum **Archäologischen Museum** im Paulikloster emp-fohlen, das man über Steinstraße und Pauliner Straße erreicht.

Tipp:

Räder vor der Touristinfo abstellen und eine Kleinigkeit kaufen und bitten, die Satteltaschen unterstellen zu dürfen.

Schönes Radeln auf dem Deich bei Deetz

**14776 Brandenburg
an der Havel**

ⓘ Touristinformation
Tel.: 03381 / 796360

🏛 Archäologisches Lan-
   desmuseum
   Brandenburg
Tel.: 03381/ 4104112

🏛 Dommuseum
Tel.: 03381/ 2112215

🏛 Industriemuseum
Tel.: 03381/ 304646

🏛 Museum im Frey-Haus
Tel.: 584501

🏛 Museum im Steintor-
   turm
Tel.: 03381 / 584501

🏛 nOstalgie-Museum
Tel.: 03381 /225239

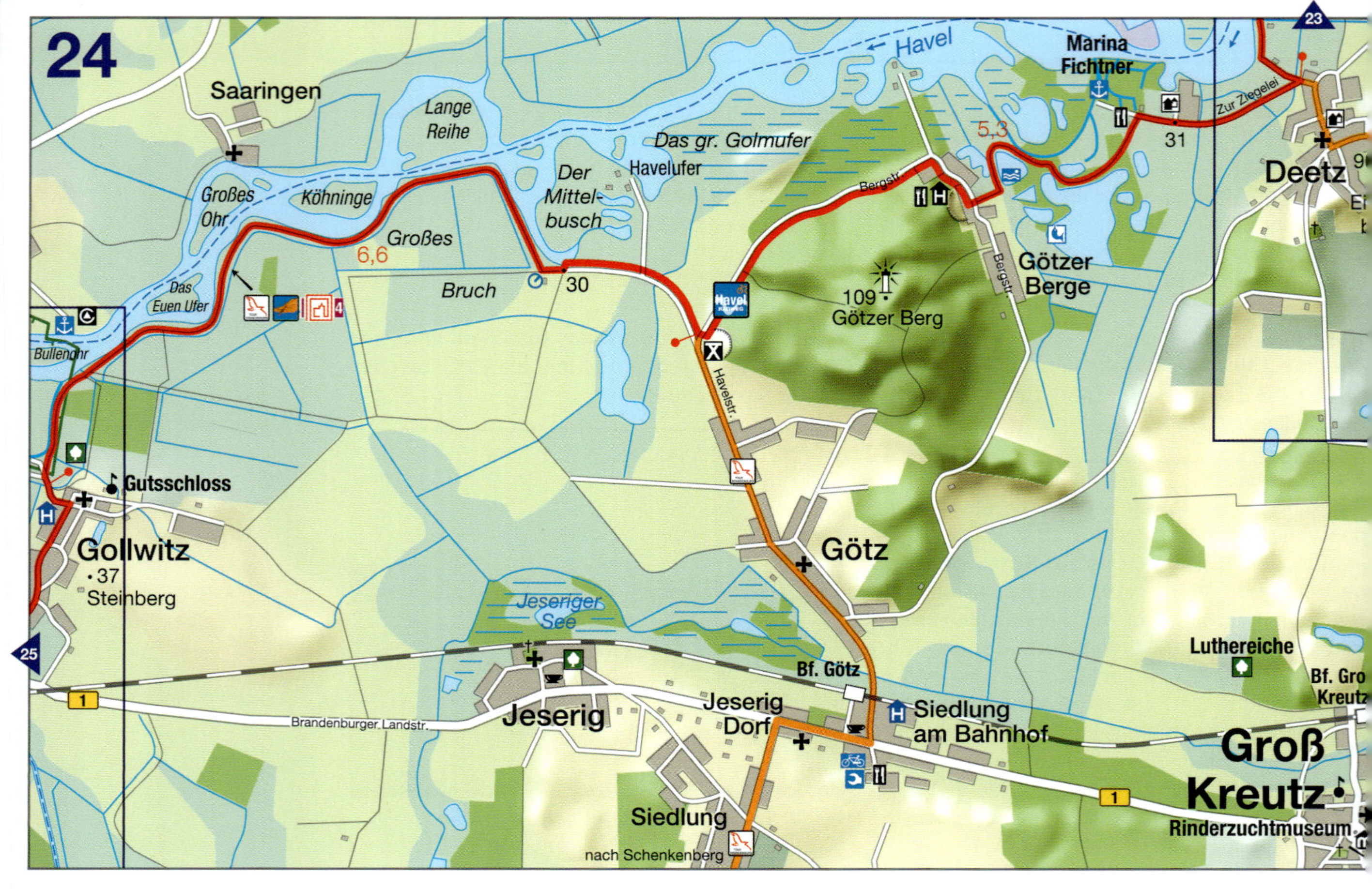

24
23
Saaringen
Havel
Marina Fichtner
Deetz
Lange Reihe
Das gr. Golmufer
Zur Ziegelei
5,3
31
Der Mittel-busch
Havelufer
Bergstr.
Großes Ohr
Köhninge
Bergstr.
Götzer Berge
Das Euen Ufer
Großes
6,6
4
30
109
Götzer Berg
Bruch
Havel RADWEG
Bullenohr
Havelstr.
Gutsschloss
H
Gollwitz
37
Steinberg
Jeseriger See
Luthereiche
25
Bf. Götz
Bf. Gro Kreutz
1
Götz
Siedlung am Bahnhof
Jeserig
Jeserig Dorf
Brandenburger. Landstr.
Groß Kreutz
Siedlung
1
Rinderzuchtmuseum
nach Schenkenberg

Bereits 1315 sind **Brandenburg**s Altstadt und die Neustadt als voneinander unabhängige Städte in der Hanse vertreten. Die Dominsel war sogar noch viel länger eine eigene Gemeinde und kam erst 1929 zur Stadt Brandenburg. Das Mittelalter markiert die Blüte, aber auch die Zerrissenheit der Stadt. Die Gotthardkirche in der Altstadt und die Katharinenkirche in der Neustadt wollten erst den Dom und sich dann gegenseitig übertrumpfen. Ein heikles Unterfangen im märkischen Sand und Sumpf.

Die **Katharinenkirche** und die **Gotthardkirche** sind repräsentative Hallenkirchen und imponieren durch Größe und Reichtum, die erste eher von außen, die zweite eher von innen. Dagegen rührt der ältere (kleine) **Dom** mit seiner traditionellen Basilikabauweise durch sein Alter und seine fortwährende Baufälligkeit. Er wurde bereits 1165 erbaut und die Fundamente vertrugen die stetigen Erweiterungen schlecht. Seine beiden Altäre sind von 1375 und 1518. An den Dom angeschlossen ist ein kleines Museum.

Katharinenkirche in Brandenburg

Der Brandenburger Roland

Die **Dominsel** war lange Sitz einer Festung der slawischen Heveller, von denen der Name Havel abstammt. Um 1000 gab es mehrfachen Besitzerwechsel und schließlich die Zerstörung des romanischen Doms aus Feldsteinen. Als die Deutschen die Burg endgültig eroberten, bauten sie als „Duftmarke" des Siegers ab 1165 den ersten großen Backsteindom in Nordeuropa. Dank einiger Millionen an Spenden kann man heute die großen Gebäude recht sicher genießen. Auch die Orgel des Doms lohnt, es ist eine der bedeutendsten Barockorgeln in Deutschland.

Loriot, bürgerlich Vicco von Bülow, wurde 1923 im Dom getauft. Die Stadt dankt ihrem Förderer heute mit allerlei Erinnerungen wie Bronzemöpsen und Bänken, auf den schon ein Herr mit Fliege und Knollennase Platz genommen hat. Die lustigen Möpse finden wir beiderseits der Jahrtausendbrücke besonders im Park an der Johanniskirche.

Tipp:
Etwas außerhalb liegt das **Industriemuseum** Brandenburg. Herzstück ist der gewaltige Siemens-Martin-Ofen des alten Stahlwerks, angeblich der letzte in Westeuropa. Aber auch Liebhaber alter Räder und von DDR-Gebrauchsdesign kommen hier auf ihre Kosten. Vieles in dem Museum sieht so aus, als ob die Arbeiter es erst letzte Woche verlassen hätten.

Im Industriemuseum Brandenburg

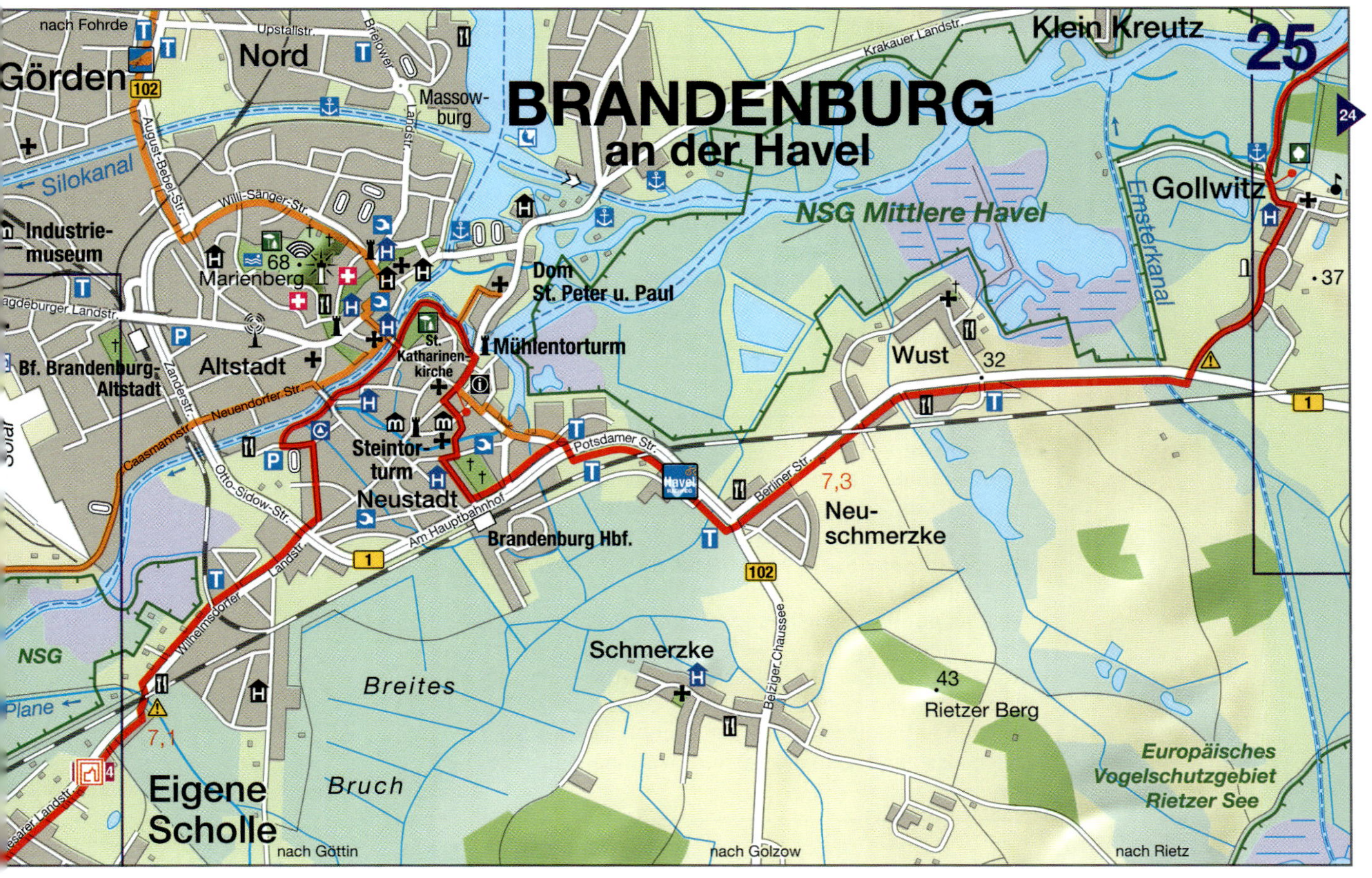

nach Fohrde
Görden
Nord
102
Upstallstr.
Brielower Landstr.
Massow-burg
Silokanal
August-Bebel-Str.
Willi-Sänger-Str.
Industrie-museum
Marienberg
68
Altstadt
Bf. Brandenburg-Altstadt
agdeburger Landstr.
Zandenstr.
Neuendorfer Str.
Caasmannstr.
Otto-Sidow-Str.
Steintor-turm
Neustadt
Am Hauptbahnhof
Brandenburg Hbf.
Wilhelmsdorfer Landstr.
1
7,1
Eigene Scholle
nach Göttin
esaer Landstr.
4
NSG
Plane
Breites
Bruch
St. Katharinen-kirche
Dom St. Peter u. Paul
Mühlentorturm
BRANDENBURG
an der Havel
NSG Mittlere Havel
Krakauer Landstr.
Klein Kreutz
25
24
Gollwitz
Ernsterkanal
37
Wust
32
1
Potsdamer Str.
Havel
7,3
Neu-schmerzke
Berliner Str.
Belziger Chaussee
102
Schmerzke
43
Rietzer Berg
Europäisches Vogelschutzgebiet Rietzer See
nach Golzow
nach Rietz

6. Etappe

Von der Brandenburger Innenstadt folgen wir der **Wilhelmsdorfer Landstraße** auf straßenbegleitendem Radweg etwa vier Kilometer nach Südwesten. Die Straße war Teil der alten **Magdeburger Heerstraße**, die von Brandenburg über Ziesar nach Magdeburg führte. In **Wilhelmsdorf** geht es rechts ab in den **Schmöllner Weg**, wo nach etwa einem Kilometer die Havel wieder erreicht ist.

Alternative:

Interessanter als die offizielle Strecke und sogar etwas kürzer ist eine **Alternativroute** aus der Innenstadt. Man fährt von der innerstädtischen Havel ein paar Meter nach Norden zur Neuendorfer Straße, der man nach Westen folgt. An der Kreuzung mit der Umgehungsstraße fährt man geradeaus weiter und folgt der Caasmannstraße mehrere Kilometer bis Neuendorf, wo sich noch die alte Dorfstruktur erhalten hat. Dort hält man sich leicht links (ausgeschildert) und kann die Fähre zum Buhnenhaus nehmen.

Kurz hinter dem anderen Ufer trifft man wieder auf den Havel-Radweg.

Danach erweitert sich die Havel wieder zu einem großen See, dem Breitlingsee. Am Südufer des Sees gibt es einen schönen, asphaltierten Radweg durch den Wald mit mehreren Bademöglichkeiten. Nach etwa vier Kilometern ist die **Malge** erreicht, ein Zeltplatz mit Ausflugsgaststätte.

Der Radweg führt auf dem Südufer weiter, und nach vier Kilometern folgt **Kirchmöser**. Im alten Dorf am Seeufer biegen wir nach Nordosten ab,

Gute Ausschilderung hilft bei der Orientierung

Die Fähre zum Buhnenhaus

Plaue
Quenzsee
Plauer Hof
Margarethen-hof
Schloss Plaue (1823)
hausseestr.
Am Seegarten
Plauer See
Wasserturm u. Industriepark
-West
Kirchmöser-
-Ost
5,9
Weinberg 60
Heiliger See
NSG Buhnenwerder-Wusterau
34
Sowj. Ehrenmal
Wusterau
Buhnen-werder
Betreten verboten
Breitling-see
Bf. Kirchmöser
-Dorf
Großer Wusterwitzer See
Bergenhof
4
nach Wusterwitz
Mösersche See
Kälber-werder
Kiehn-werder
Kaninchen-insel
Malge
Gränert
NSG Gränert
Havel
6,2
ehem. Rieselfelder
Neuendorf
Solar
25
NSG Stadthavel
Brandenburger Niederhavel
Plane
Schmöllner Weg
4
4
32
Krugpark
Wilhelms-dorf
Eigene Scholle
Magdeburger Heerstr.
Grüninger Landstr.
Ziesarer Landstr.
nach Grüningen
27
26
1
1

und fahren durch die Siedlung **Kirchmöser** Ost und den Industriepark wieder zur Havel.

Kirchmöser besteht aus mehreren Teilen. Das alte Dorf am Seeufer hieß früher einfach nur Möser. Seinen jetzigen Namen bekam der Ort erst, nachdem er Anfang des 20. Jahrhunderts im Zuge der Industrialisierung gewachsen war und er im Jahr 1916 einen Bahnhof an der Strecke Berlin–Magdeburg erhielt. An der gleichen Strecke gab es aber schon bei Magdeburg einen Bahnhof namens Möser, so dass Kirchmöser den Namensvorsatz bekam. Im Ersten Weltkrieg wurde eine große Pulverfabrik errichtet. Nach Kriegsende wurde das Werk der Reichseisenbahnverwaltung übertragen und wurde einer der größten Standorte der Eisenbahnindustrie in der Region. In den 1990er-Jahren gingen nach der Wende in der DDR viele Arbeitsplätze wieder verloren, aber ein Teil des Werkes wird heute noch von der Deutschen Bahn genutzt. Eine Reihe von beeindruckenden Industriebauten des Industrieparks Kirchmöser stehen ebenso unter Denkmalschutz wie die Arbeiterwohnsiedlungen Kirchmöser West und Kirchmöser Ost aus den 1920er-Jahren, letztere wird vom Havelradweg passiert.

Über die **Seegartenbrücke** überqueren wir die Havel und gelangen nach **Plaue**.

Einst war **Plaue** eine eigenständige Stadt, die 1952 nach Brandenburg eingemeindet worden war. Aus der Ferne eindrucksvoll ist das Schloss an der Havel. Von Nahem enttäuschen die Überformungen aus der Industriezeit. Im Gästehaus kann man einkehren und übernachten. Sehenswert sind die Wandmalereien aus der Zeit um 1400 in der Plauer Pfarrkirche.

Über die **Alte Plauer Brücke** überqueren wir die Havel. Einst nahm die heute denkmalgeschützte Brücke den ganzen Durchgangsverkehr auf

Die Seegartenbrücke führt uns nach Plaue.

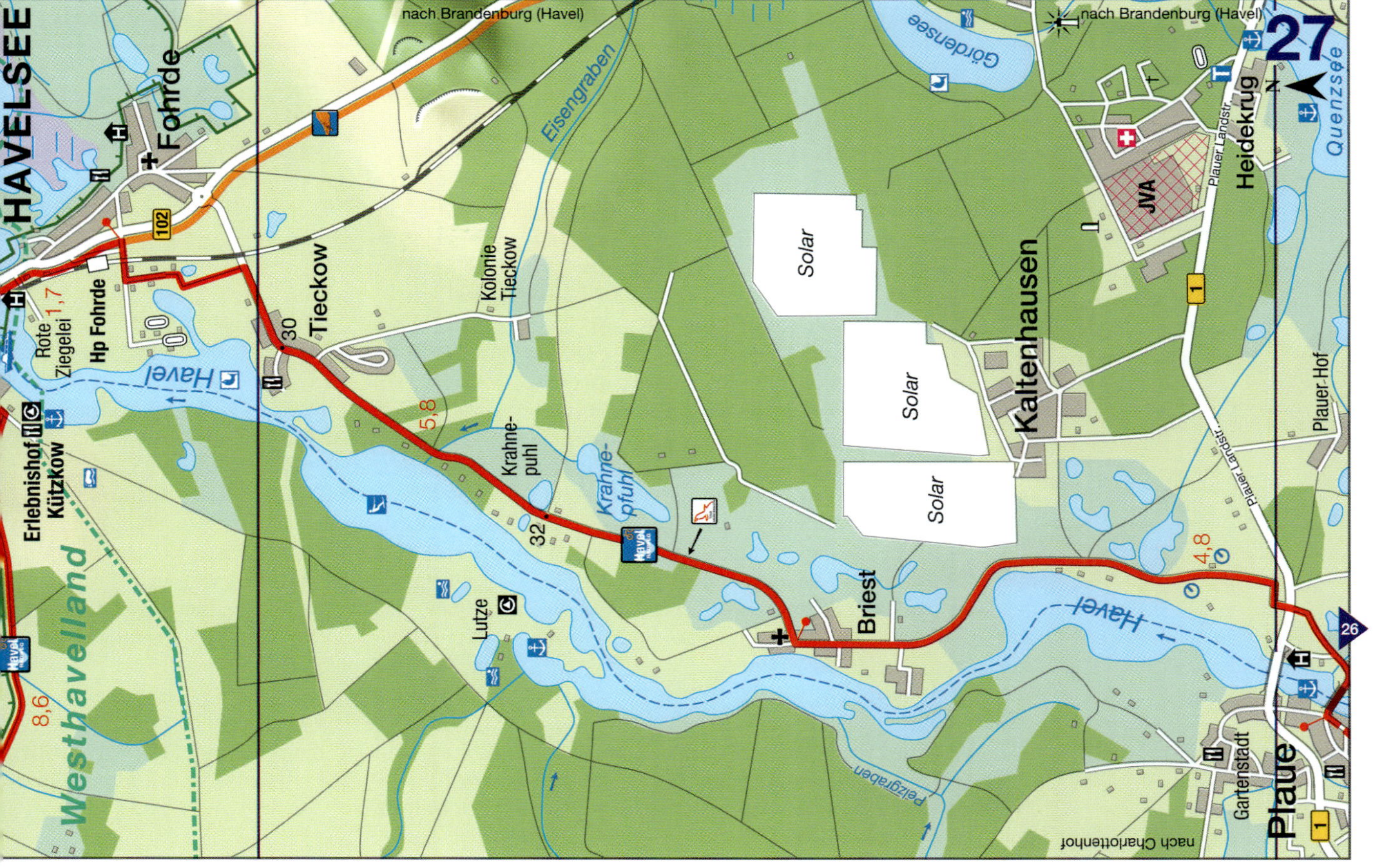

HAVELSEE
Fohrde
nach Brandenburg (Havel)
Eisengraben
nach Brandenburg (Havel)
Gördensee
Quenzsee
N
27
102
Heidekrug
Plauer Landstr.
JVA
1
Hp Fohrde
Rote Ziegelei 1,7
Tieckow
Kolonie Tieckow
Kaltenhausen
30
Havel
Solar
Solar
Solar
Solar
Erlebnishof Kützkow
5,8
Krahne-puhl
Krahne-pfuhl
Westhavelland
32
Havel
Briest
4,8
Plauer Landstr.
Plauer Hof
Lutze
8,6
Havel
Havel
26
Pelzgraben
Plaue
Gartenstadt
nach Charlottenhof
1

14798 Havelsee
OT Pritzerbe

🏠 Rohrweberei
Tel.: 033834 / 50236

Romantische Havelpassage mittels Fähre von Pritzerbe nach Kützkow

der heutigen Bundesstraße 1 auf, bis 2002 rollte sogar die Straßenbahn über sie. Der schlechte bauliche Zustand der Brücke war ein willkommener Anlass für die Einstellung der Straßenbahn. Aber auch der Autoverkehr ist nun auf eine andere Straße verlegt worden, so dass Fußgänger und Radfahrer die Brücke für sich haben.

Östlich der Havel geht es über eine relativ ruhige Landstraße nach Norden über **Briest**, **Kranepuhl** und **Tieckow** nach **Fohrde**. Der Fluss, der wiederholt kleine Seen bildet, ist nicht weit von der Straße weg, aber folgt ihr nicht direkt, so dass immer wieder Abstecher möglich sind.

In **Fohrde** wird auf einem Radweg an der Bundesstraße eine Bucht des Pritzerber Sees überquert, der namensgebende Ort liegt an dessen Westseite.

Pritzerbe ist ein kleines mittelalterliches Landstädtchen, heute Teil einer Stadt namens Havelsee. Die Innenstadtstraßen bilden ein schönes geschlossenes Bild mit gepflasterten Straßen und kleinen Häusern. Diverse gastronomische Einrichtungen ermöglichen eine Pause von der Tour. Die Stadtkirche von 1783 besitzt eine Wagner-Orgel, die ursprünglich in Potsdam stand und nach Kirchenbau nach Pritzerbe umgesetzt wurde.

Ab Pritzerbe bis zur Landesgrenze nach Sachsen-Anhalt bewegen wir uns im **Naturpark Westhavelland**. Der Naturpark ist über 1.000 km² groß. Berühmt wurde der Naturpark durch seinen Kampf für den Erhalt der Großtrappe, dem mit 17 kg Gewicht schwersten flugfähigen Vogel Deutschlands. Für die Trappen wurden rechts und links der Neubaustrecke Berlin–Hannover, Dämme gebaut, damit die schweren Tiere nicht versehentlich die Frontscheiben der schnellen Züge durchschlagen.

Romantische Havelpassage: an das andere Ufer gelangt man mit einer kleinen Fähre. Von **Kützkow** führt ein gut befahrbarer Betonplattenweg nach **Bahnitz**.

28
Hp Döberitz
102
Rathenower Str.
Döberitz
Am Hafen
Ausbau
Gapel
Naturpark
Pritzerber
Heide
nach Seelensdorf
Heidehof
Seelensdorfer
Heide
Weißer
See
Alte Havel
Wublitz
Havel
NSG Untere Havel Süd
Bahnitzer
Wiesenkaveln
Ziegen-
werder
Bootsschleuse
Bahnitz
Schleuse
Bahnitz
An der Marzahner Chaussee
Dunke
102
Bf. Pritzerbe
Rohrweberei-
Museum
Kleinste Kirche
Brandenburgs
Bahnitz
31
Brückehaus
Erdeberg
34
Kützkow
Pritzerbe
St. Marien
(Wagnerorgel von 1790)
Pritzerber
See
Hohen-
ferchesar
Chausseestr.
Dorfstr.
Havel
RADWEG
8,6
Erlebnishof
Kützkow
Rote
Ziegelei
1,7
HAVELSEE
Westhavelland
Luisenhof
Hp Fohrde
Bruchwiesen
Havel
102
Möthlitz
Fohrde
nach Nitzahn
Havel
27

**14715 Milower Land
OT Milow**

🏠 Naturparkzentrum
Westhavelland
Tel: 03386 / 211227

Bahnitzer Havelnixe

Bahnitz versteht sich als „Künstlerdorf", hier gibt es ein paar Ateliers und Studios. An der Havel ist ein kleiner Hafen mit Wasserwanderradplatz. Im Ort behauptet man, die Kirche wäre die kleinste Kirche Deutschlands mit nur 14 Quadratmetern Grundfläche. Eine Besonderheit ist, dass sie einer der wenigen in der DDR entstandenen Kirchengebäude ist. Die alte Kirche musste wegen Baufälligkeit 1969 abgerissen werden. Von 1973 an entstand in den Resten des alten Turms eine neue winzige Kirche. Im Sommerhalbjahr ist sie täglich bis 18 Uhr geöffnet.

Der Plattenweg führt uns weiter nach **Jerchel** und von dort rechts weiter auf einer ruhigen Straße nach **Milow**.

Milow, ein langgezogenes großes Dorf besitzt zwei Kirchen, eine Fachwerkkirche von 1695 mit gemaltem Wolkenhimmel und die Leopoldsburger Kirche aus der zweiten Hälfte des 18. Jahrhunderts. Lange Zeit stand sie leer und verfiel. Nun geht es dort um einen anderen Gott: das Gebäude wird nun von einer Sparkasse genutzt. Bemerkenswert ist die Entstehung der weißen Villa, die heute als **Jugendherberge** dient: der Berliner Meiereibesitzer Bolle baute sie als Kindererholungsheim für seine Arbeiter 1882.

Alternative:
Bis 2013 führte der Havel-Radweg über die Havelbrücke zum Stadtrand von Premnitz und weiter als straßenbegleitender Radweg entlang der B102 nach Rathenow. Landschaftlich nicht sehr interessant, aber für den, der in die Stadt Rathenow möchte, ist es der schnellste Weg, einfach der Ausschilderung der „Tour Brandenburg" folgen.

Der heutige Havel-Radweg bleibt am linken Ufer der Havel und führt an den Resten der Milower Schlossanlage vorbei. Neben großer Gastronomie und einer Marina befindet sich hier auch das **NaturparkZentrum Westhavelland Milow**.

6,5
2,3
Böhne
Waldstr.
Mögelin
Hp Mögelin
NSG Mögeliner Luch
Rathenower Str.
102
0,7
Havel
Königshütte
1,5
Dachsberg
70
Königsheide
nach Vieritz
4,6
"Fit Point"
Rathenower Str.
Bützer
Bf. Premnitz Nord
1,8
Milower Str.
PREMNITZ
Bergstr.
Waldkolonie
Waldstr.
Ernst-Thälmann-Str.
Mahnmal
Kietz
Bf. Premnitz Zentrum
Heinrich-Heine-Str.
NSG Untere Havel Süd
Hp Döberitz
Fachwerkkirche
102
Rathenower Str.
ehem. Leopoldsburger Kirche
Milow
Döberitz
Neudessauer Str.
30
Naturpark
Große Wiese
Milower Land
nach Neudessau
Havel Radweg
Westhavelland
5
Marquede
Wublitz
Bahnitzer Wiesenkaveln
Kanal
Königsgr.
Dunke
Herren-haus
29
N
nach Nitzahn
Jerchel
29
28

14712 Rathenow

ⓘ Touristinformation
Tel.: 03385 / 514991

🏛 Optik-Industrie-
Museum-Rathenow
Tel.: 03385 / 519040

Teils auf ruhigen Straßen, meist auf guten neuen Wegen, teils über Wiesen, geht es über **Bützer** nach Norden. Vor Böhne macht der Weg einen kleinen Schlenker direkt an der Havel entlang. Ganz nett, mit Bademöglichkeit, aber wer es eilig hat, kann sich den Umweg auch sparen und direkt auf der Straße bleiben.

Von **Böhne** führt wieder ein Weg durch die Wiesen bis an den Stadtrand von Rathenow. Direkt an der Havel werden Umgehungsstraße und Schnellfahrstrecke der Eisenbahn unterquert. Leider gibt es von dort keine direkte Verbindung in die Stadt, so dass man erst einen Umweg in Richtung Westen machen muss.

Abstecher Rathenow:
Der Havel-Radweg durchquert **Rathenow** nur am Rande. Die Innenstadt liegt etwa zwei Kilometer weiter östlich und ist auf einem straßenbegleitenden Radweg entlang der Bundesstraße zu erreichen.

Während ein Großteil des Stadtzentrums von **Rathenow** im Zweiten Weltkrieg beschädigt wurde und in den 1950er- und 60er-Jahren durch Neubauten ersetzt wurde, ist um die Havelbrücke auf der Insel zwischen Fluss und Stadtkanal ein Stück Altstadt erhalten geblieben. Dazu zählt die gotische **Marienkirche** auf einem kleinen Hügel, von deren wieder aufgestockten Turm man einen schönen Blick auf die Umgebung hat. Falls man in die Kirche geht, bitte den Altar von 1380 beachten. Er ist unter einem Vorhang versteckt. Im Flügelaltar stehen fünf feine weibliche

Und so nähern wir uns Rathenow.

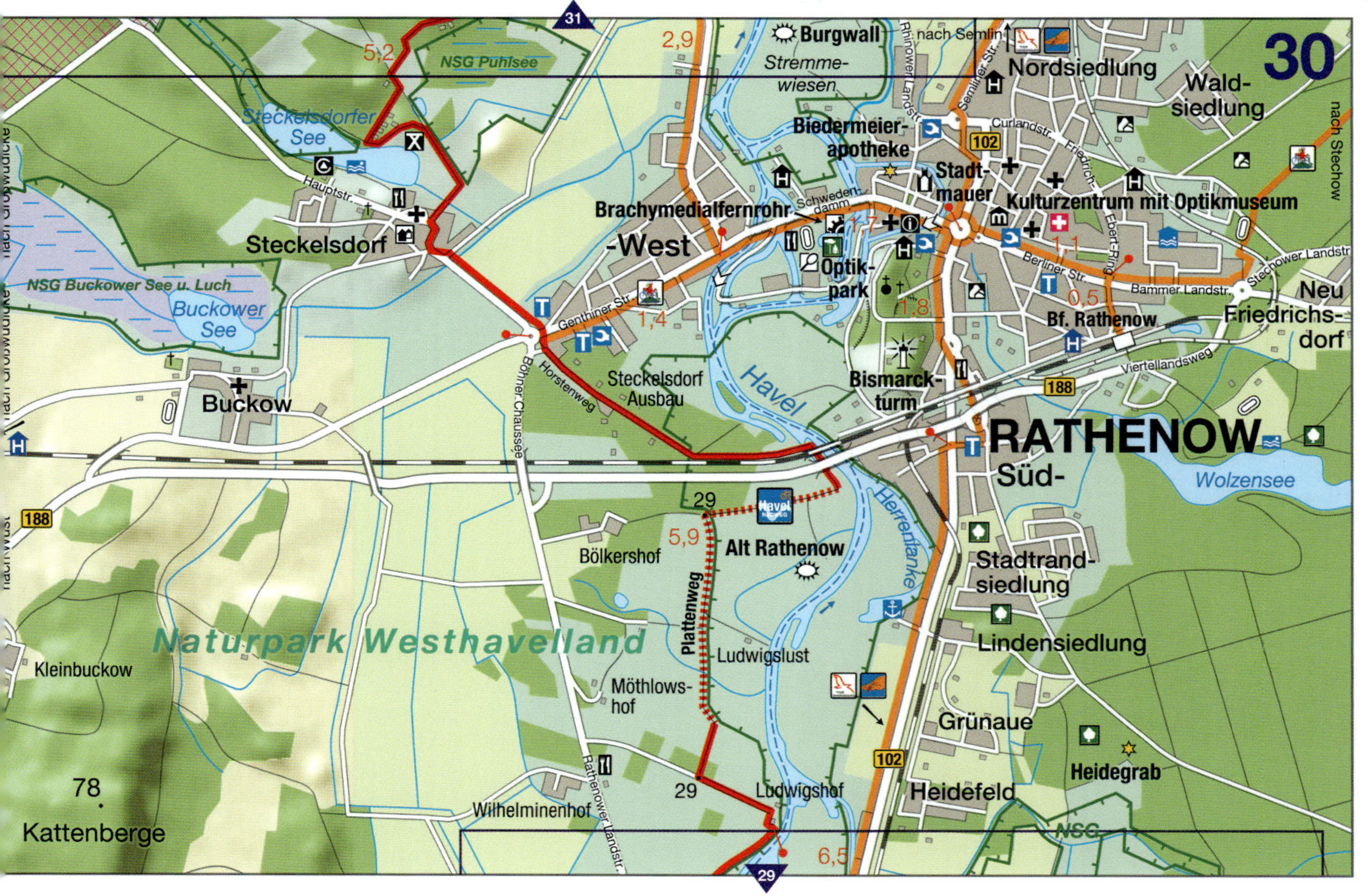

30
5,2
31
2,9
NSG Puhlsee
Steckelsdorfer See
Burgwall
Stremme-wiesen
Rhinower Landstr.
nach Semlin
Nordsiedlung
Wald-siedlung
nach Stechow
Biedermeier-apotheke
Curlandstr.
102
Friedrich-
Semliner Str.
Hauptstr.
Steckelsdorf
Brachymedialfernrohr
-West
Schweden-damm
Stadt-mauer
Kulturzentrum mit Optikmuseum
1,7
1,1
NSG Buckower See u. Luch
Buckower See
Genthiner Str.
Optik-park
1,8
Berliner Str.
Ebert-Ring
0,5
Bammer Landstr.
Neu Friedrichs-dorf
Stechower Landstr.
Buckow
Horstenweg
Steckelsdorf Ausbau
1,4
Havel
Bismarck-turm
Bf. Rathenow
Viertellandsweg
Böhner Chaussee
188
RATHENOW
Süd-
Wolzensee
H
188
29
Havel RADWEG
5,9
Alt Rathenow
Herrenlanke
Stadtrand-siedlung
Bölkershof
Plattenweg
Ludwigslust
Lindensiedlung
Maturpark Westhavelland
Kleinbuckow
Möthlows-hof
102
Grünaue
Heidegrab
78
Kattenberge
Rathenower Landstr.
Wilhelminenhof
29
Ludwigshof
Heidefeld
NSG
6,5
29

Figuren, in der Mitte natürlich Maria. Dieser Altar überrascht, wenn man den restlichen Zustand der Kirche sieht. Sie hat 1945 nach russischem Beschuss tagelang gebrannt. Der Pfarrer hatte aber in weiser Voraussicht den Altar mit den tänzelnden Jungfrauen gegen Kriegsende komplett eingemauert. Die Altstädtische **Apotheke** (Steinstraße 1 nordöstlich der Kirche) war eine der ganz wenigen Apotheken der DDR, die 1989 noch in privater Hand waren. Einmalig ist die Einrichtung: Apotheker Dr. Schultze und seine Vorfahren haben einen Apothekenraum im Jugendstil und einen im

Biedermeier bewahrt. Reizvoll ist die Promenade am alten Hafen. Hier stehen zwei Statuen: eine große, die ein Denkmal für den Großen Kurfürsten vom Bildhauer Johann Georg Glume und eine kleine für die Rathenower Schleusenspucker; Tagelöhner der 1920er- und 30er-Jahre, die sich die Wartezeit auf zu entladene Kähne solcherart vertrieben. Der Große Kurfürst steht nicht ohne Grund dort: seine Truppen versuchten im Jahr 1675 eine Übermacht schwedischer Besatzer aus der Stadt zu vertreiben. Es gelang mit einem Trick: unter den Schweden wurde das Gerücht verbreitet, der Große Kurfürst Friedrich Wilhelm wäre gestorben, worauf die Schweden den verteilten Alkohol dankbar annahmen. Georg von Derfflinger gelang es mit einer kleinen Schar seiner kurfürstlichen Truppen in die Stadt zu gelangen und die Schweden zu überrumpeln. Rathenow hat Tradition als Optikstadt. Hier erfand Johann Heinrich August von Duncker eine Glasschleifmaschine, die die Herstellung von Brillen wesentlich erleichterte. 1801 gründete er eine Fabrik, den

Apothekenraum im Jugendstil

Vorgänger der Rathenower Optischen Werke. Vieles in der Stadt erinnert an die Tradition der optischen Industrie der Stadt, in der bis zur Wende 1989 15.000 Menschen beschäftigt waren. Bekannt ist der seit 2007 bestehende Optikpark, einer der Schauplätze der BUGA 2015. Hier steht als technisches Denkmal das „Brachymedialfernrohr", eine Kombination aus Linse- und Spiegelteleskop, das weltweit größte seiner Art. Das in den 1950er-Jahren errichtete Kulturhaus im Stadtzentrum beherbergt das **Optikmuseum**. Für die BUGA 2015 wurde eine hohe **Brücke** über einen Havelarm gebaut, die einen schönen Blick auf die verzweigte Flusslandschaft bietet. Sehr schön sitzt man im Restaurant „Zum Alten Hafen" nahe bei der Schleuse. Der Wirt ist sehr hilfsbereit und das Essen schmeckt.

Tipp:
Vom Bahnhof Rathenow südöstlich der Innenstadt fahren stündlich Regionalzüge nach Berlin und Brandenburg/Havel sowie alle zwei Stunden nach Stendal.

Das barocke Denkmal für Kurfürst Friedrich Wilhelm in Rathenow ist das größte seiner Art in Norddeutschland und besticht durch seine Kunstfertigkeit.

7. Etappe

Der Havel-Radweg verlässt **Rathenow** im Ortsteil **Steckelsdorf** am westlichen Stadtrand. Wer direkt aus Brandenburg kommt und auf die Besichtigung von Rathenow verzichtet, fährt an der Kreuzung mit der Genthiner Straße einfach geradeaus auf der L96. Nach etwa einem Kilometer biegt der Radweg rechts ab, und führt im Zickzack zunächst am Steckelsdorfer See (Camping) vorbei und dann weiter nach Nordosten nach **Göttlin**.

Tipp:

Aus der Rathenower Innenstadt erreicht man den Havel-Radweg über den **Schwedendamm** und die **Genthiner Straße** (straßenbegleitender Radweg). Man muss nicht weiter bis Steckelsdorf fahren, sondern kann dann über die **Göttliner Straße** (später: Göttliner Chaussee) ein Stück abkürzen.

Eine typische Havel-Badestelle bei Göttlin

Von **Göttlin** geht es, einer Havelwindung folgend, zunächst nach Norden und dann nach Westen auf einem idyllischen und guten Weg durch die Auen nach **Grütz**.

Ab Rathenow gesellt sich ein weiterer Radfernweg zu uns, der Havelland-Radweg.

Havelland-Radweg

Der rote brandenburgische Adler auf einem Fahrrad markiert den 115 Kilometer langen Radweg quer durchs Havelland von Berlin in den Naturpark Havelland. Fast immer geht es eben hin durch große Mischwälder und entlang der weiten Wiesen und Felder. Kulturinteressierte kommen mit Fontane auf ihre Kosten. Spätestens in Ribbeck sollte man sich an Herrn Ribbeck und seine Birnen erinnern.

Im Ortskern von **Grütz** gibt es Gastronomie und Übernachtungsmöglichkeiten, eine kleine Marina an der Havel mit Biwakplatz für Wasserwanderer und Radfahrer. Auch Zelten ist dort möglich.

Abstecher:

Zwei Kilometer hinter Grütz in Richtung Schollene lohnt ein Abstecher nach rechts auf einem

32
4,2
Nadelwehr
Rohrwerder
Hohennauen
31
NSG Untere Havel Nord
Drawiswiesen
27
Havel
34
Neuschollene
32
Grütz
2,8
7,3
Albertsheim
X
40
Havel
Weißer Berg
67
102
Naturpark Westhavelland
Sachsen-Anhalt
34
Brandenburg
Truppenübungsplatz Klietz
Eichberg
73
NSG
Untere Havel
Nord
Göttlin
Trittsee
Göttliner Chaussee
X
NSG
Trittsee-Bruchbach
T
5,2
2,9
30
NSG Puhlsee
Burgwall

14715 Schollene

🏛 Heimatmuseum
Tel.: 039389 /232

Grützer Nadelwehr

Sandweg zur Grützer Schleuse, wo es eine technische Besonderheit gibt:

In einem Nebenarm der idyllisch gelegenen **Grützer Schleuse** liegt das **Grützer Nadelwehr**. In so einem Nadelwehr wird der Wasserfluss reguliert, indem senkrechte Nadeln im Wasser bis zum Boden hängen. Früher waren diese Nadeln noch aus Holz, heute sind sie aus Metall. Die durchfließende Wassermenge kann dabei durch die Anzahl der in das Wasser gehängten Nadeln reguliert werden. Das Grützer Nadelwehr ist eines der letzten verbliebenen seiner Art in Deutschland.

Durch den Wald geht es zur Landesgrenze nach Sachsen-Anhalt. Anlässlich der BUGA 2015 in der Havelregion wurde fleißig am Havel-Radweg gebaut. Die neuen Wege entstanden oft mit etwas Abstand zur Straße, so dass sie ein rechter Gewinn sind. Nach dem kleinen Dorf **Neuschollene** folgt der etwas größere Ort **Schollene**. Nach ihm heißt die Gegend Schollener Ländchen, Ländchen bezeichnet hier ein erhöhtes Gebiet über den Flussauen. Westlich des Dorfes liegt der Schollener See, ein Vogelschutzgebiet. Einst wurde aus ihm Heilschlamm gewonnen.

Tipp:

Schollene ist der einzige Ort mit Einkehrmöglichkeiten zwischen Grütz und **Warnau**, u. a. mit der Gaststätte „Zur Linde" in Ortsmitte.

Die Strecke durch Sachsen-Anhalt wurde anlässlich der BUGA 2015 mit schönen neuen Radwegen ausgebaut. Zunächst folgt der Weg der Straße nach **Molkenberg**, einem schönen Dorf direkt am Fluss mit vielen Storchennestern.

Zwischen Molkenberg und Rehberg biegen wir rechts ab und fahren auf neuen glatten Betonwegen in einsamer Landschaft mit einigen Kurven durch die Havelauen nach **Warnau** und weiter nach **Garz**.

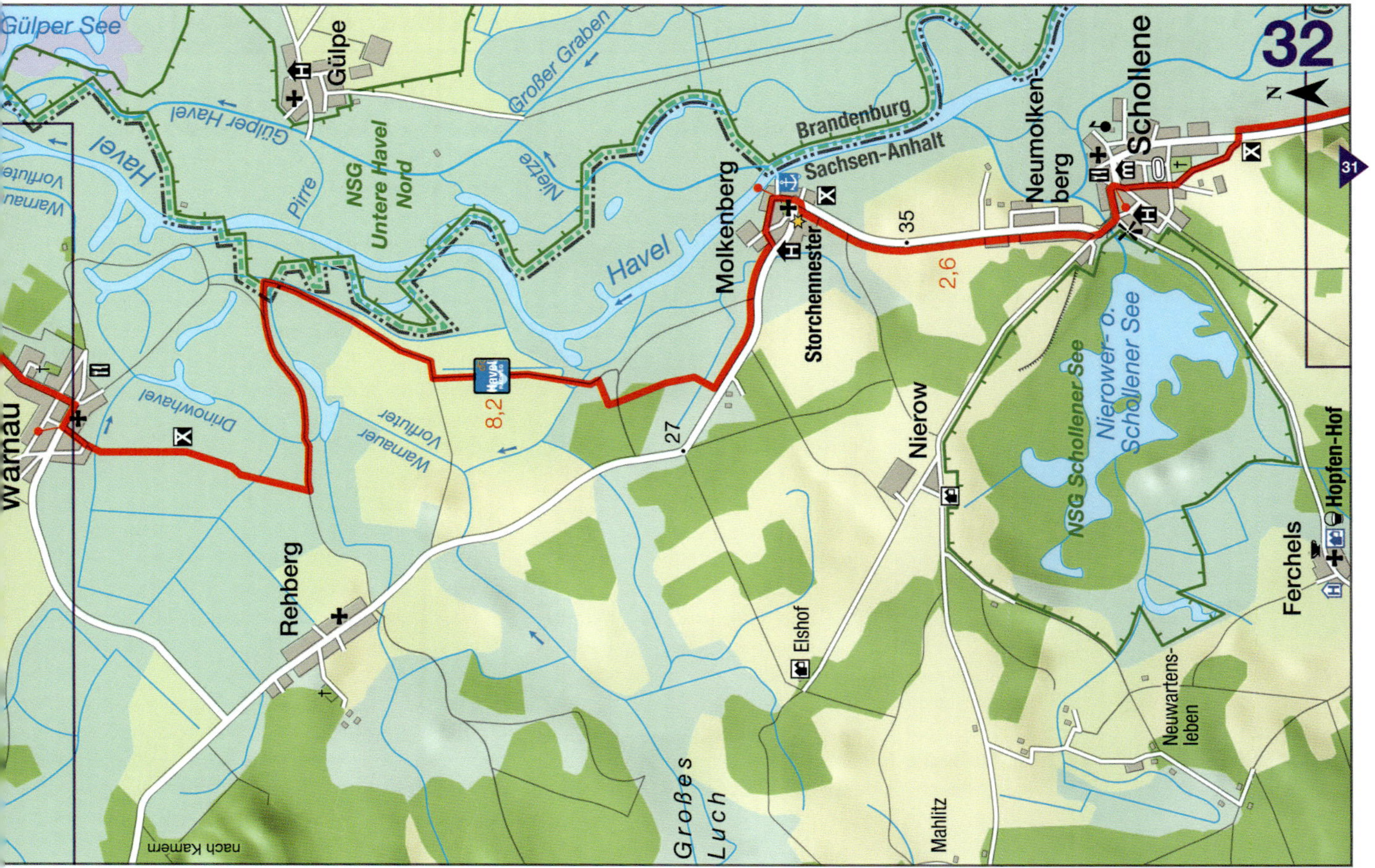

Gülper See
Gülpe
Großer Graben
Großer Graben
Nietze
Brandenburg
Sachsen-Anhalt
Neumolken-
berg
Schollene
32
31
N
Gülper Havel
Pirre
Havel
Warnau Vorflut
NSG
Untere Havel
Nord
Havel
Molkenberg
Storchennester
35
.35
2,6
Warnau
Dosnowhavel
Warnauer Vorflut
8,2
27
Rehberg
Nierow
NSG Schollener See
Nierower- o.
Schollener See
Elshof
Ferchels
Hopfen-Hof
Neuwartens-
leben
Großes
Luch
Mahlitz
nach Kamern

Garz ist ein ursprünglich slawisches Rundlingsdorf. Im Dorfzentrum steht die 1688 erbaute Fachwerkkirche. Sie hat eine Besonderheit: sie ist schief, angeblich schiefer als der Turm von Pisa. Um die Kirche gruppiert sich ein sehenswertes Ensemble von Bauernhöfen aus rotem Backstein. Die Steine wurden mit Schiffen in den Ort transportiert. Garz besitzt einen kleinen romantischen Hafen mit Wasserwanderrastplatz (Zeltmöglichkeit), am Hafen ist die gemütliche Gaststätte „Zum Quappenwinkel". Der Name „Quappenwinkel" bezeichnet die Region um den Havelknick bei Garz und **Kuhlhausen**. Mitten im Ort bieten die Havelhöfe Übernachtung für Radreisende in einem der charakteristischen Backsteinanwesen.

Schöner, neuer Havel-Radweg zwischen Molkenberg und Warnau

Hinter **Garz** folgen wir der Straße in Richtung Kuhlhausen. Überall gibt es nette neue Rastplätze. Nach dem Ausbau Garzer Mühle biegen wir nach rechts ab, auch der Fernradweg „Tour Brandenburg" wird wieder erreicht. Dieser Radweg führt uns geradeaus zu einem **Abstecher** nach **Strodehne**.

Wer auf dem Havel-Radweg bleiben möchte, biegt nach ca. einem Kilometer im rechten Winkel nach links, Richtung Kuhlhausen, ab.

Abstecher Strodehne:

Eine Straße führt Richtung Osten über eine Straße ans andere Ufer der Havel und erreicht nach zwei Kilometern Strodehne, was wieder in Brandenburg liegt.

Manchmal wird der Begriff „Dunkeldeutschland" abwertend gebraucht, hier ist er Programm: die Region Westhavelland wirbt damit, eines der Gebiete in Deutschland mit der geringsten nächtlichen Lichtverschmutzung zu sein. Und so lädt der „**Sternenpark** Westhavelland" Hobbyastronomen ein, die guten Beobachtungsbedingungen zu probieren. Ein auffälliges Sternbild ist an Sommerabenden das markante Kreuz des Sternbilds Schwan. Durch dieses Sternbild verläuft das

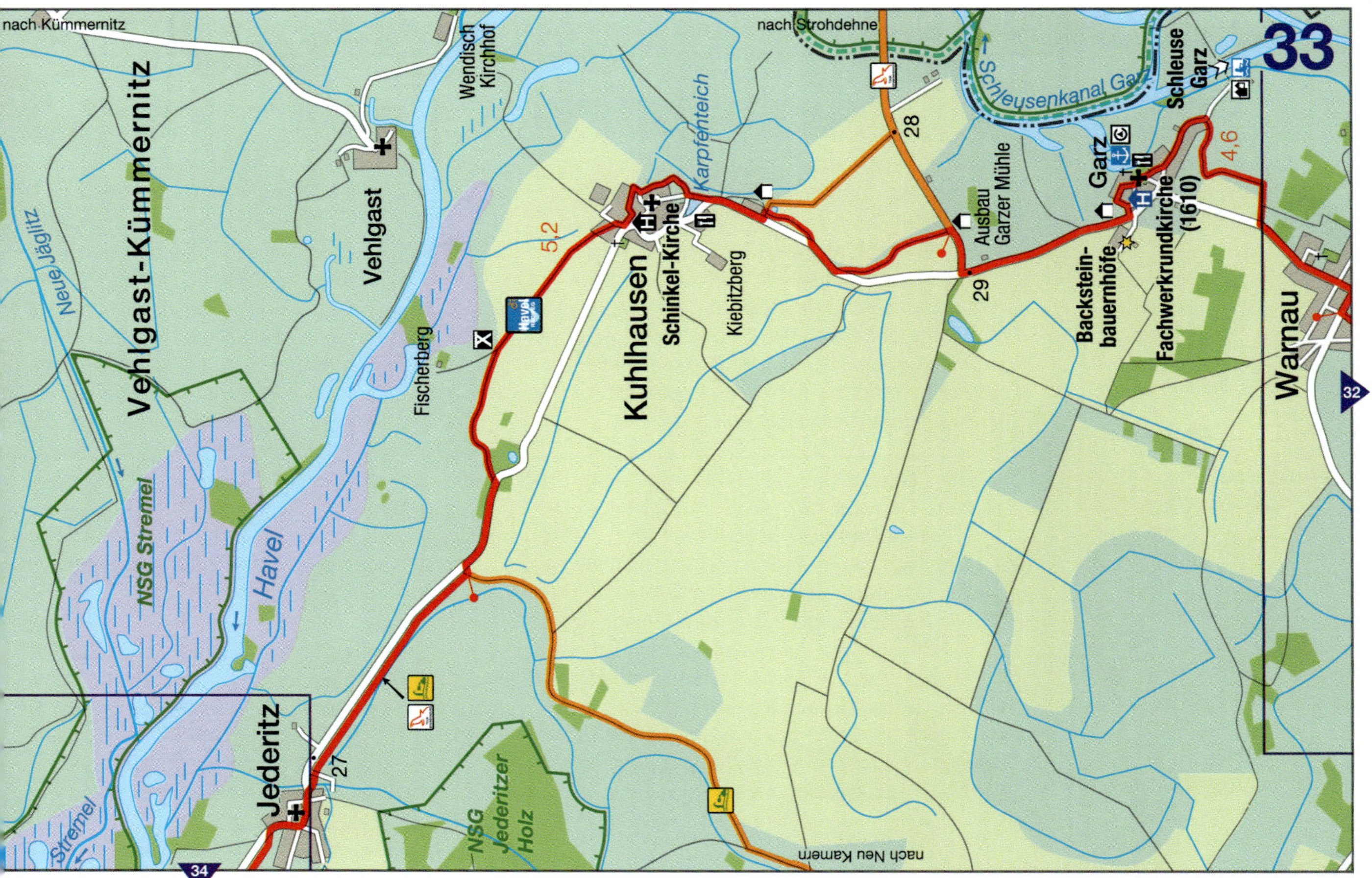

nach Kümmernitz
nach Strohdehne
33
Schleusenkanal Ga...
Schleuse
Garz
4,6
Wendisch
Kirchhof
Karpfenteich
28
Garz
Vehlgast
Vehlgast-Kümmernitz
Ausbau
Garzer Mühle
Neue Jäglitz
5,2
Fischerberg
Havel
Kuhlhausen
Schinkel-Kirche
Kiebitzberg
29
Backstein-
bauernhöfe
Fachwerkrundkirche
(1610)
Warnau
NSG Stremel
32
Jederitz
NSG
Jederitzer
Holz
27
Stremel
nach Neu Kamern
34

39539 Hansestadt Havelberg

ⓘ Touristinformation
Tel.: 039387 / 79091

🏛 Haus der Flüsse
Tel.: 039387 / 609976

🏛 Prignitz-Museum
Tel.: 039387 / 21422
Tel.: 03385 / 519040

Die in der Mitte liegenden Holzbalken sind die „Nadeln" des Nadelwehrs in Strodehne

helle Band der Milchstraße, was man in den meisten Regionen aufgrund der Lichtverschmutzung nicht mehr so klar erkennen kann.

Viele Übernachtungsquartiere haben sich auf diese Besucher eingestellt und werben etwa mit einem extra späten Frühstück.

Zwei Kilometer südlich von Strodehne mündet der Rhin in die Havel. Hier ist ein denkmalgeschütztes **Nadelwehr** erhalten geblieben, daneben gibt es Fisch direkt vom Fischer.

Der eigentliche Havel-Radweg bleibt auf dem Westufer der Havel in Sachsen-Anhalt. In **Kuhlhausen** umrundet der Havel-Radweg das Dorf und wendet sich in einiger Entfernung dem Flusslauf folgend, nach Westen. Zunächst hat er eine eigene Trasse zwischen Straße und Fluss, später folgt er der Straße durch eine flache Wiesenlandschaft über **Jederitz** nach **Havelberg**.

Havelberg liegt spektakulär: der Stadtkern ist eine Insel zwischen zwei Havelarmen. Dort gibt es die Stadtkirche und eine Reihe von alten Häusern. Aber das bekannteste Bauwerk der Stadt liegt außerhalb des eigentlichen Zentrums hoch über der Havel: der Dom. Etwa um das Jahr 1150 begann der Bau der heutigen Kirche, jedoch ist das Bistum Havelberg noch gut 200 Jahre älter. Besonders fällt der Westbau auf, eine riesige fensterlose 31 Meter hohe Backsteinwand, wie eine Burg über der Landschaft. Auch die reiche Innenausstattung des Doms lohnt einer Betrachtung. In den angrenzenden Klosterbauten ist das Prignitz-Museum mit Informationen zur Region und zur Geschichte der Schifffahrt. Das nagelneue „Haus der Flüsse" informiert über das Flusssystem Elbe-Havel mit seinen Auenlandschaften und der dazugehörigen Tier- und Pflanzenwelt. Historisch gehört Havelberg zur eigentlich brandenburgischen Prignitz. Erst eine Verwaltungsreform im Jahr 1952 brachte die Stadt zum Bezirk Magdeburg und so 1990 ins Land Sachsen-Anhalt. Es gibt viele Pensionen und Privatzimmer sowie einen fahrradfreundlichen Campingplatz auf einer Insel.

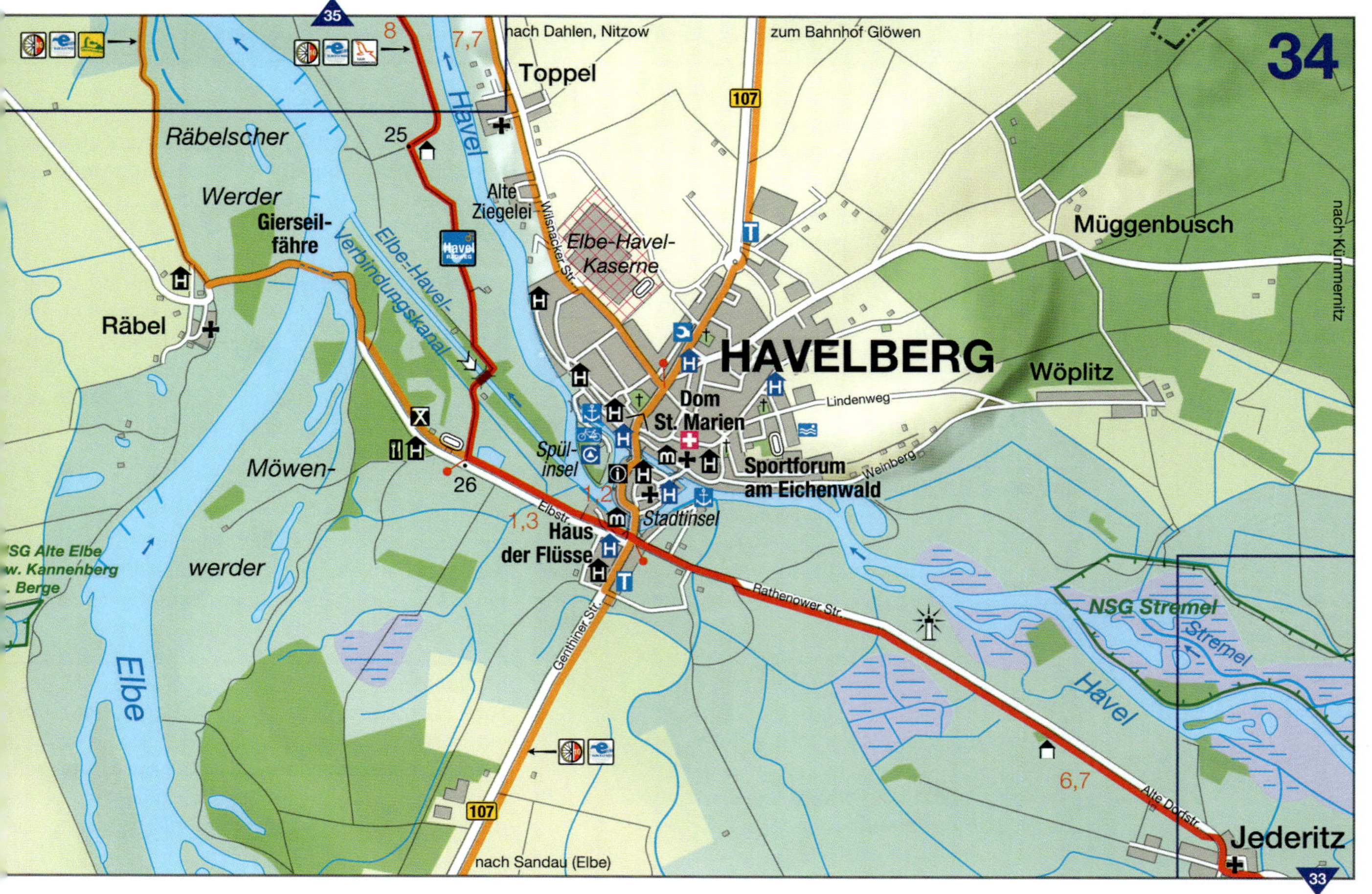

35
8
7,7
nach Dahlen, Nitzow
zum Bahnhof Glöwen
Toppel
107
Räbelscher
25
Müggenbusch
nach Kümmernitz
Werder
Alte
Ziegelei
Elbe-Havel-
Kaserne
Gierseil-
fähre
Havel
Radweg
Räbel
HAVELBERG
Wöplitz
Elbe-Havel-Verbindungskanal
Lindenweg
Dom
St. Marien
Möwen-
Spül-
insel
Sportforum
am Eichenwald
Weinberg
26
1,2
werder
NSG Alte Elbe
bw. Kannenberg
. Berge
1,3
Elbstr.
Haus
der Flüsse
Stadtinsel
NSG Stremel
Rathenower Str.
Stremel
Genthiner Str.
Havel
Elbe
6,7
Alte Dorfstr.
107
nach Sandau (Elbe)
Jederitz
33
34

Dom in Havelberg

Tipp: Auch hier kann man Boote leihen, denn den schönsten Blick auf Stadt und Dom hat man vom Wasser aus.

Tipp:
Wer schnell wieder an seinen Startort zurück möchte, kann der B107 auf einem straßenbegleitenden Radweg neun Kilometer Richtung Norden bis Glöwen folgen, wo vom dortigen Bahnhof stündlich Züge nach Berlin und Wittenberge fahren. Er verpasst aber dann einen landschaftlichen Höhepunkt der Tour.

Achtung: Bauarbeiten am Havel-Radweg können sich noch bis ins Jahr 2022 hinziehen. Die ausgeschilderte Umleitung (auch für den Elbe-Radweg) führt rechts der Havel über **Toppel** und **Nitzow** nach Quitzöbel.

In **Havelberg** liegen Havel und Elbe nur noch zwei Kilometer auseinander, verlaufen aber über ein längeres Stück parallel. Der Radweg führt durch die Wiesen und nähert sich dabei mal dem einen, mal dem anderen Fluss durch dünnbesiedeltes Land, das Platz für Flutungsflächen bie-

nach Lennewitz, Bad Wilsnack
Legde/Quitzöbel
nach Bad Wilsnack
Fischräucherei
3,5
9,6
Gnevsdorfer Vorfluter
Binnendüne
Quitzöbel
NSG Aland-Elbe-Niederung
Brandenburg
Sachsen-Anhalt
NSG Elbdeichvorland
Bauerbrack
Havel
Wehranlage Quitzöbel
0,7
Burchardshof
Neu Goldbeck
Havel
Elbe
Neuwerben
Kl. Wässerung
Elendhof
Paschenwerder
Nitzow
Tauber Aland
Hansestadt Werben (Elbe)
30
Wolmirstift
Salzk.
Elbtor
Wendemark
H
St. Johannis-kirche
Dahlen
Kuhgraben
Roggehof
Große Wässerung
8
7,7
nach Behrendorf
nach Neu Berge, Hohenberg-Krusemark
34

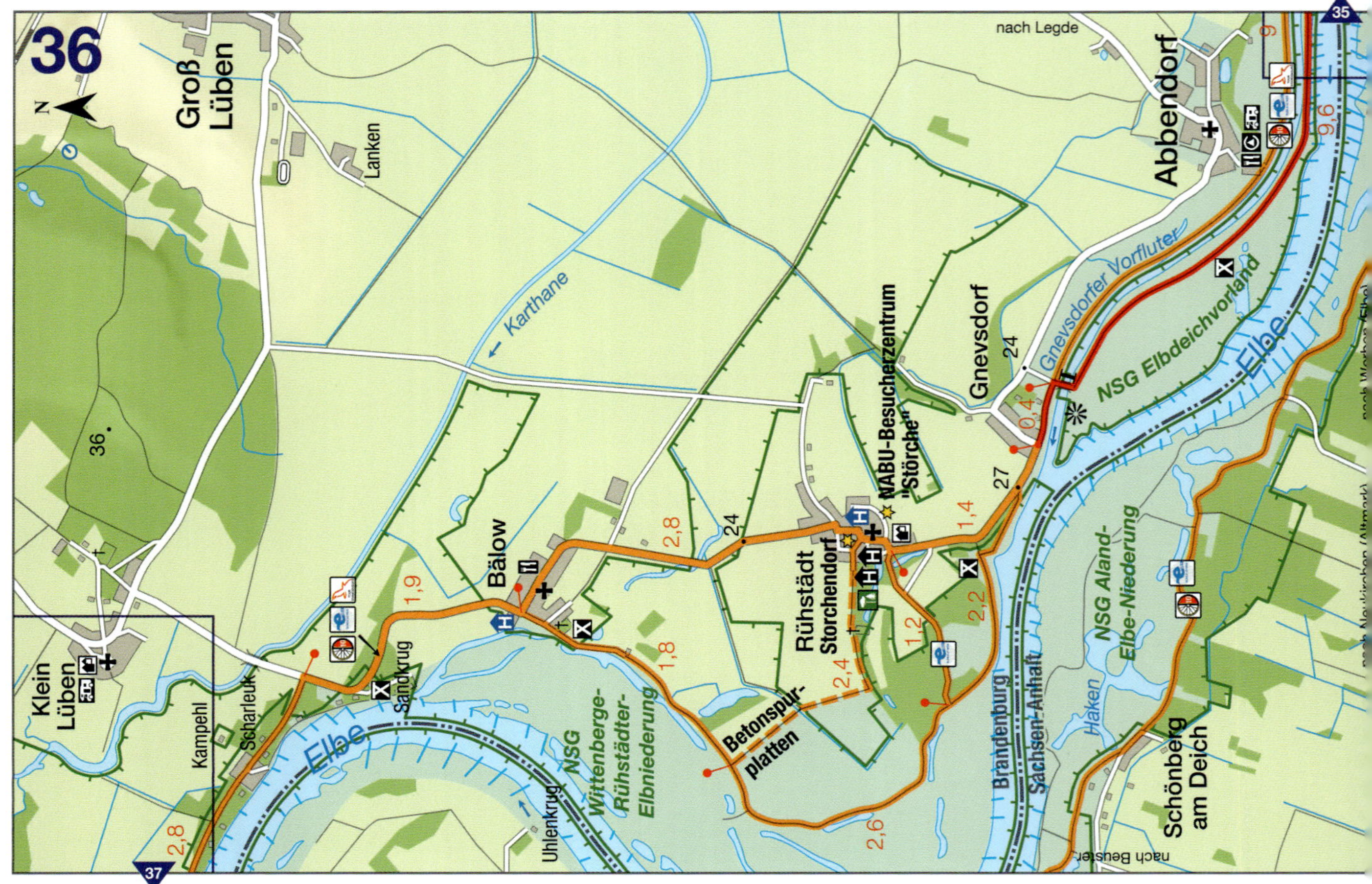

36
35
37
N
Groß Lüben
Lanken
Karthane
36.
Klein Lüben
Kampehl
Scharleuk
Sandkrug
Elbe
Uhlenkrug
NSG Wittenberge-Rühstädter-Elbniederung
Bälow
1,9
1,8
2,8
24
Betonspur-platten
2,4
2,6
Rühstädt Storchendorf
NABU-Besucherzentrum "Störche"
1,2
1,4
2,2
Gnevsdorf
24
27
0,4
Gnevsdorfer Vorfluter
NSG Elbdeichvorland
Elbe
nach Legde
Abbendorf
9
9,6
NSG Aland-Elbe-Niederung
Haken
Brandenburg
Sachsen-Anhalt
Schönberg am Deich
nach Beuster
nach Neukirchen (Altmark)
nach Werben (Elbe)

tet. Acht Kilometer hinter Havelberg stehen ein paar Gehöfte, die ein winziges Anwesen namens **Neuwerben** bilden.

Die Siedlung entstand etwa um das Jahr 1770, als der preußische König Friedrich II. Deichwärter ansiedelte, welche die damals zum ersten Mal künstlich verlegte Havelmündung sichern sollten. Diese wird durch das bald hinter Neuwerben folgende Wehr Quitzöbel gesichert. Hier beginnt der **Gnevsdorfer Vorfluter**, ein elf Kilometer langer, künstlicher Havelabfluss. Gebaut wurde er als Hochwasserschutz, damit nicht die Elbehochwasser weit in die nur ein geringes Gefälle aufweisende Havel eindringen können.

Von hier hat man wieder die Qual der Wahl: bleibt man links zwischen den beiden Wasserläufen oder fährt man nach rechts? Radwege gibt es auf beiden Ufern des Gnevsdorfer Vorfluters. Rechts hat man – in einem gut einen Kilometer langen Abstecher möglich – das Naturschutzgebiet **Binnendüne Quitzöbel**, die größte Düne an der brandenburgischen Elbe, bis zu 30 Meter hoch. Aber besonders idyllisch bleibt das Stück zwischen

den beiden Flüssen, fern von jeder Besiedlung. Hat man die Havel auch künstlich verlängert, so hat sie dann doch irgendwann wirklich ein Ende: in **Gnevsdorf** ist endgültig die **Mündung** erreicht. Hier treffen auch die Wege von beiden Ufern des Vorfluters aufeinander.

39615 Hansestadt Werben (Elbe)

ⓘ Touristinformation
Tel.: 039393 / 92755

Auf dem Deich zwischen Elbe und Havel

Abreise von der Mündung

1. Variante nach Bad Wilsnack, 10 km:
Die nächste Bahnstation von der Havelmündung aus ist **Bad Wilsnack**, ein kleines Städtchen mit einer berühmten mittelalterlichen Wunderblutkirche. Sowohl von Gnevsdorf als auch bereits von Quitzöbel aus ist es über ruhige Straßen in etwa zehn Kilometern zu erreichen.

2. Variante nach Wittenberge, 31 km:
Es lohnt die Weiterfahrt auf dem **Elberadweg** nach **Wittenberge**.

Der **Elberadweg** verläuft auf 840 Kilometern quer durch Deutschland. Hinzu kommen 364 Kilometer von der Quelle im tschechischen Riesengebirge bis zum Eintritt nach Sachsen. Bis zur Mündung in die Nordsee bei Cuxhafen durchfließt die Elbe eine reizvolle Landschaft und Orte voller interessanter Sehenswürdigkeiten: Dresden, Meißen, Lutherstadt Wittenberg, Dessau-Roßlau, Magdeburg, Tangermünde, Hamburg und viele kleinere Orte.

Bald hinter Gnevsdorf folgt **Rühstädt**. Überregional bekannt geworden ist es als Storchendorf. Über 30 Paare beziehen dort jedes Jahr ihre Quartiere. Der Elberadweg folgt teils auf eigenen Wegen in der Nähe des Deiches, teils auf ruhigen Straßen dem Fluss über **Bälow**.

Hinzdorf und eine Siedlung mit dem schönen Namen **Zwischendeich** folgen darauf.

An der Eisenbahnbrücke, auf der auch ein Radweg über die Elbe führt, erreichen wir **Wittenberge**.

Das Panorama der Elbestadt **Wittenberge** wird stark von den Zeugen ihrer industriellen Vergangenheit geprägt. Die denkmalgeschützte „Alte Ölmühle" mit ihren gewaltigen

Die blaue Havel fließt in die Elbe.

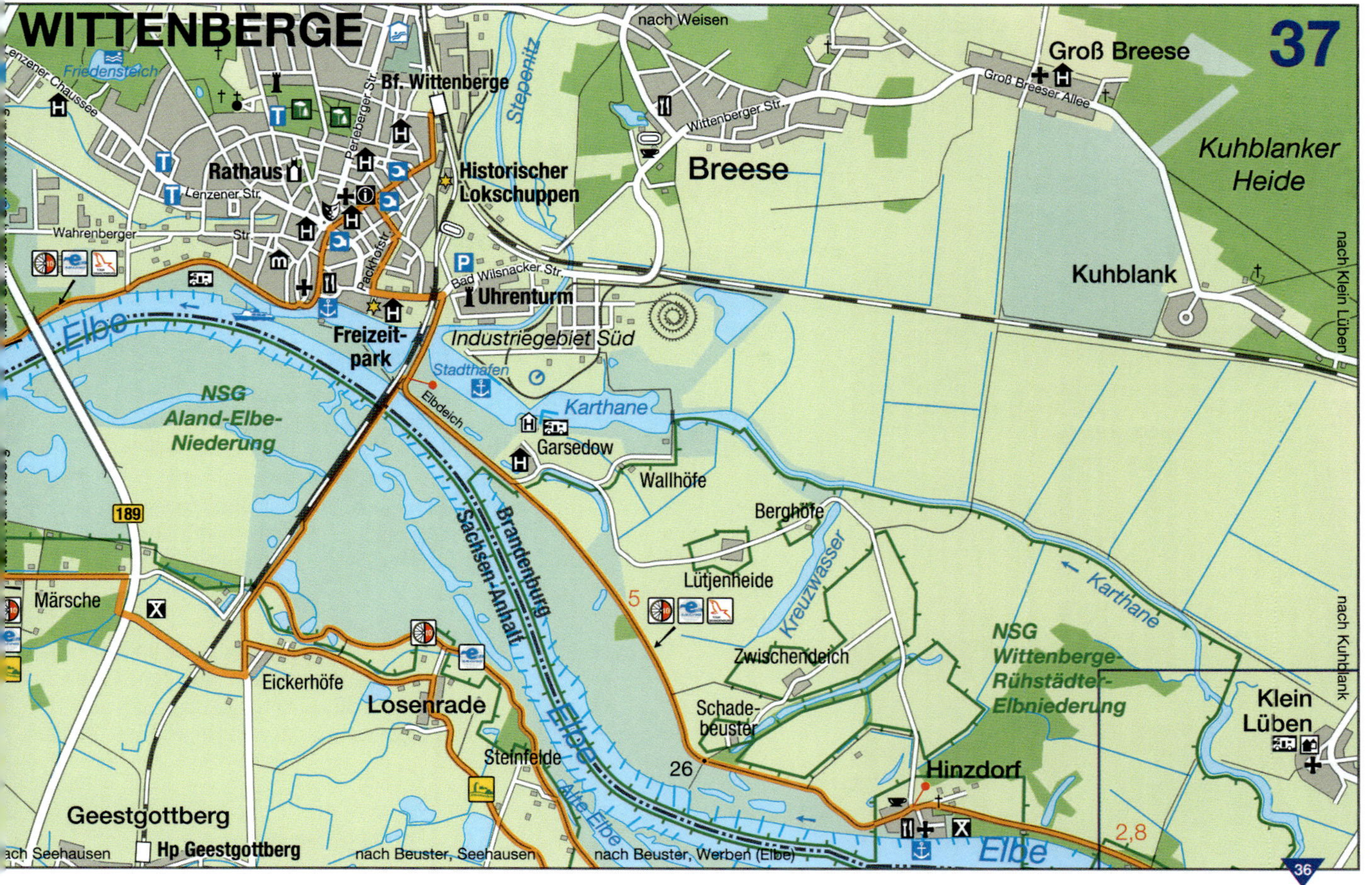
WITTENBERGE
37
nach Weisen
Groß Breese
Groß Breeser Allee
Friedensteich
Lenzener Chaussee
Bf. Wittenberge
Perleberger Str.
Wittenberger Str.
Kuhblanker Heide
Rathaus
Breese
Lenzener Str.
Historischer Lokschuppen
Kuhblank
Wahrenberger Str.
nach Klein Lüben
Packhofstr.
Bad Wilsnacker Str.
Uhrenturm
Elbe
Industriegebiet Süd
Freizeitpark
Stadthafen
NSG Aland-Elbe-Niederung
Karthane
Garsedow
Wallhöfe
Berghöfe
189
Karthane
Kreuzwasser
Lütjenheide
5
Märsche
Zwischendeich
NSG Wittenberge-Rühstädter-Elbniederung
Klein Lüben
Eickerhöfe
Brandenburg
Sachsen-Anhalt
Schadebeuster
Losenrade
Steinfelde
Alte Elbe
26
Elbe
Hinzdorf
Geestgottberg
Hp Geestgottberg
nach Seehausen
nach Beuster, Seehausen
nach Beuster, Werben (Elbe)
Elbe
2,8
nach Kuhblank
36

Das Haus „Zu den vier Jahreszeiten" in Wittenberge wurde vorbildlich restauriert und zeigt feinsten Jugendstil

Speichergebäuden wurde in den letzten Jahren kulturell und touristisch erschlossen. Im Juli jeden Jahres finden hier die mittlerweile weit über die regionalen Grenzen hinaus bekannten Elblandfestspiele statt. Vom Singer-Uhrenturm, mit einer der größten Turmuhren auf dem europäischen Festland, hat man nicht nur einen herrlichen Blick über die Stadt und die angrenzende Elbtalaue, man erfährt auch einiges über die gute alte Singer-Nähmaschine. Sehenswert sind weiterhin das Steintor als ältestes Gebäude der Stadt und das Museum „Alte Burg". Das vor über einhundert Jahren im historistischen Stil erbaute Rathaus, das neoklassizistische Kulturhaus und das sanierte Gründerzeitviertel mit dem bemerkenswerten „Haus zu den vier Jahreszeiten" im Jugendstil sind weitere architektonische Schmuckstücke im Stadtbild.

Vom **Bahnhof Wittenberge** fahren stündlich Regionalzüge nach Berlin, alle ein bis zwei Stunden nach Magdeburg, alle zwei Stunden nach Schwerin und Wismar sowie einige Inter- und Eurocity-Züge (Fahrradmitnahme nach Reservierung) Richtung Hamburg bzw. Berlin und Dresden.

Wer möchte, kann natürlich auch an der Elbe bis Hamburg weiterradeln oder auf dem Elbe-Müritz-Rundweg zurück zum Ausgangspunkt des Havel-Radwegs bei Waren (Müritz) gelangen.

Überregionale Informationsstellen

14467 Potsdam
TMB Tourismus Marketing Brandenburg
Am Neuen Markt 1
Tel.: 0331 / 298730
service@reiseland-brandenburg.de

18059 Rostock
Tourismusverband Mecklenburg-Vorpommern e. V.
Platz der Freundschaft 1
Tel.: 0381 / 4030550

17207 Röbel/Müritz
Tourismusverband „Mecklenburgische Seenplatte" e. V.
Turnplatz 2
Tel.: 039931 / 5380

14641 Nauen OT Ribbeck
Tourismusverband Havelland e.V.
Theodor-Fontane-Straße 10
Tel.: 033237 / 859030
info@havelland-tourismus.de

Regionale Informationsstellen *(entlang der Havel)*

17192 Waren (Müritz)
Touristinformation
Neuer Markt 21
Tel.: 03991 / 747790
info@waren-tourismus.de

17192 Federow
Nationalpark-Service Müritz
Damerower Straße 6
Tel.: 03991 / 668849
info@nationaparkservice.de

17237 Kratzeburg
Tourismusverein Havelquellseen e. V.
Granzin 21
Tel.: 0700 / 38842835
info@havelquellseen.de

17255 Wesenberg
Touristeninformation Wesenberg
Burg 1
Tel.: 039832 / 20621
wesenberg@klein-seenplatte.de

16798 Fürstenberg/Havel
Touristinformation
Markt 5
Tel.: 033093 / 32254
info@fuerstenberger-seenland.de

16798 Fürstenberg/Havel OT Himmelpfort
Touristinformation im Weihnachtshaus
Klosterstraße 23
Tel.: 033089 / 41888
info@weihnachtshaus-himmelpfort.de

16792 Zehdenick
Touristinformation des FVV Zehdenick e. V.
Am Markt 11
Tel.: 03307 / 2877
touristinfo@havelstadtzehdenick.de

16559 Liebenwalde
Touristinformation im Hofcafé
Havelstraße 1a
Tel.: 033054 / 90772
touristeninformation@liebenwalde.de

16515 Oranienburg
Touristinformation
Schlossplatz 2
Tel.: 03301 / 6008110
info@tourismus-or.de

16547 Birkenwerder
Touristinformation
Bahnhof Birkenwerder,
Clara-Zetkin-Straße 13
Tel.: 03303 / 5960658
tourismus@birkenwerder.de

16540 Hohen Neuendorf
Stadtinformation in den City Arkaden
Schönfließer Straße 17
Tel.: 03303 / 214937
stadtinfo@hohen-neuendorf.de

16761 Hennigsdorf
Stadtinformation Hennigsdorf
Rathausplatz 1
Tel.: 03302 / 877320
stadtinformation@hennigsdorf.de

13597 Berlin-Spandau
Touristinformation Berlin-Spandau im Gotischen Haus
Breite Straße 32
Tel.: 030 / 3339388
info@spandau-tourist-information.de

14467 Potsdam
Touristinformation Potsdam Hauptbahnhof Bahnhofspassagen Potsdam (neben Gleis 6)
Babelsberger Straße 16
Tel.: 0331 / 27558899
tourismus-service@potsdam.de

14467 Potsdam
Touristinformation Brandenburger Tor - Potsdam in der historischen Innenstadt
Brandenburger Straße 3
Tel.: 0331 / 27558899
tourismus-service@potsdam.de

14548 Schwielowsee OT Caputh
Schwielowsee-Tourismus e. V.
Touristinformation
Straße der Einheit 3
Tel.: 033209 / 70899
info@schwielowsee-tourismus.de

14542 Werder (Havel)
Tourismusbüro Werder (Havel)
Touristinformation
Kirchstraße 6/7
Tel.: 03327 / 783374
tourismus@werder-havel.de

14669 Ketzin (Havel)
Touristinformation im Kultur- und
Tourismuszentrum Ketzin (Havel)
Rathausstraße 18
Tel.: 033233 / 73830
kulturzentrum@ketzin.de

14776 Brandenburg an der Havel
Touristinformation
Neustädtischer Markt 3
Tel.: 03381 / 796360
touristinfo@stg-brandenburg.de

14715 Milower Land OT Milow
Naturparkzentrum Westhavelland
Touristischer Info-Punkt
Stremmestraße 10
Tel: 03386 / 211227
npz@nabu-westhavelland.de

14712 Rathenow
Tourismusverein Westhavelland e. V.
Touristinformation
Freier Hof 5
Tel.: 03385 / 514991
tv-westhavelland@rathenow.de

39539 Hansestadt Havelberg
Touristinformation Hansestadt
Havelberg
Uferstraße 1
Tel.: 039387 / 79091
touristinformation-havelberg@t-online.de

39615 Hansestadt Werben (Elbe)
Touristinformation
Hansestadt Werben
Marktplatz 1
Tel.: 039393 / 92755
touristinfo-werben@t-online.de

19322 Wittenberge
Touristinformation Wittenberge
Paul-Linke-Platz 1
Tel.: 03877 / 929181
tourstinfo@kfh-wbge.de

Die gefasste Havelquelle

17192 Waren (Müritz)
Vorwahl: 03991
* Müritzeum, Zur Steinmole 1,
  Tel.: 633680, mueritzeum.de
* Stadtgeschichtliches Museum,
  Neuer Markt 1, Tel.: 177352,
  waren-mueritz.de

17192 Federow
* Hörspielkirche, Potsdamer Platz 1,
  Tel.: 03991 / 635723,
  hoerspielkirche.de

17219 Ankershagen
Vorwahl: 039921
* Heinrich-Schliemann-Museum,
  Lindenallee 1, Tel.: 3252,
  schliemann-museum.de

17237 Kratzeburg
Vorwahl: 039822
* Kratzeburger Flatterhus,
  Dorfstraße 31, Tel.: 29665,
  mueritz-nationalpark.de

17255 Neu Drosedow
Vorwahl: 030
* Gut Drosedow, Tel.: 80196871

17255 Wesenberg
Vorwahl: 039832
* Burg Wesenberg
  Fischereiausstellung, Burg 1,
  Tel.: 20621, klein-seenplatte.de
* Villa Pusteblume / Museum für
  Blechspielzeug, Burgweg 1, Tel.:
  21305,
  villa-pusteblume-wesenberg.de

16798 Fürstenberg/Havel
* Mahn- und Gedenkstätte
  Ravensbrück, Straße der Nationen
  1, Tel.: 033093 / 6080,
  ravensbrueck.de
* Fahrraddraisine, Weidendamm 5,
  Tel.: 03377 / 3300850,
  erlebnisbahn.de

16792 Zehdenick
Vorwahl: 03307
* Museumsschiff „Carola",
  Schleusenstraße 22, Tel.: 2877,
  museumsschiff.
  fremdenverkehrsbuero-zehdenick.de
* Ziegeleipark Mildenberg, Ziegelei
  10, Tel.: 310410, ziegeleipark.de

16559 Liebenwalde
* Feuerwehrmuseum, Berliner Straße
  50, Tel.: 0152 / 27963668,
  feuerwehrmuseum-liebenwalde.de
* Stadtmuseum im ehem.
  Stadtgefängnis, Marktplatz 20,
  Tel.: 33054 / 80555,
  museum-im-knast.de

16515 Oranienburg
Vorwahl: 03301
* Gedenkstätte und Museum
  Sachsenhausen, Straße der
  Nationen 22, Tel.: 2000,
  stiftung-bg.de
* Schlossmuseum, Schlossplatz 1,
  Tel.: 537437, spsg.de

16515 Oranienburg OT Germendorf

Vorwahl: 03301

* Tier-, Freizeit- und Urzeitpark Germendorf, An den Waldseen 1a, Tel.: 3363, freizeitpark-germendorf.de

16515 Oranienburg OT Lehnitz

Vorwahl: 03301

* Friedrich-Wolf-Gedenkstätte, Alter Kiefernweg 5, Tel.: 24480, friedrichwolf.de

16547 Birkenwerder

Vorwahl: 03303

* Clara-Zetkin-Gedenkstätte, Summter Straße 4, Tel.: 402709, clara-zetkin-gedenkstaette.de

16761 Hennigsdorf

Vorwahl: 03302

* Grenzturm Nieder Neuendorf, Uferpromenade, Tel.: 877312, Üb. Stadtarchiv Hennigsdorf

13597 Berlin-Spandau

Vorwahl: 030

* Gotisches Haus Spandau, Breite Straße 32, Tel.: 3339388
* Museum Spandovia sacra, Reformationsplatz 12, Tel.: 3338054, nikolai-spandau.de

13599 Berlin-Spandau

Vorwahl: 030

* Zitadelle Spandau, Stadtgeschichtliches Museum, Am Juliusturm 64, Tel.: 3549440, zitadelle-spandau.de

14089 Berlin

Vorwahl: 030

* Militärhistorisches Museum der Bundeswehr – Flugplatz Berlin-Gatow, Am Flugplatz Gatow 33, Tel.: 36872601, mhm-gatow.de

14109 Berlin

* Haus der Wannsee-Konferenz, Am Großen Wannsee 56-58, Tel.: 030 / 8050010, ghwk.de
* Liebermann-Villa am Wannsee, Colomierstraße 3, Tel.: 030 / 80585900, liebermann-villa.de
* Schloss Glienicke, Königstraße 36, Tel.: 0331 / 9694-200, spsg.de

14467 Potsdam

Vorwahl: 0331

* Filmmuseum Potsdam, Breite Straße 1A, Tel.: 27181-0, filmmuseum-potsdam.de
* Haus der Brandenburgisch-Preußischen Geschichte, Am Neuen Markt 9, Tel.: 6208550, haus-der-brandenburgisch-preussi-schen-geschichte
* Jan Bouman Haus, Mittelstraße 8, Tel.: 2803773, hollaendisches-viertel-potsdam.de
* Museum FLUXUS, Schiffbauergasse 4f, Tel.: 6010890, fluxus-plus.de
* Potsdam Museum – Forum für Kunst und Geschichte, Am Alten Markt 9, Tel.: 2896868, potsdam-museum.de

* Naturkundemuseum Potsdam, Breite Straße 13, Tel.: 2896701, naturkundemuseum-potsdam
* St. Peter und Paul, Am Bassin 2, Tel.: 2307990, peter-paul-kirche.de
* Villa Schöningen, Berliner Straße 86, Tel.: 2001741, villa-schoeningen.org

14469 Potsdam

Vorwahl: 0331

* Historische Mühle, Maulbeerallee 5, Tel.: 5506851, Historische-muehle-potsdam.de
* Marmorpalais, Im Neuen Garten 10 Tel.: 9694-200, spsg.de
* Museum Alexandrowka, Russische Kolonie 2, Tel.: 8170203, alexandrowka.de
* Schloss Belvedere auf dem Pfingstberg, Neuer Garten, Tel.: 20057930, pfingstberg.de
* Schloss Cecilienhof, Im Neuen Garten 11, Tel.: 9694-244, spsg.de
* Schloss Sanssouci, Maulbeerallee, Tel.: 9694-200, spsg.de

14471 Potsdam

Vorwahl: 0331

* Dampfmaschinenhaus (Moschee), Breite Straße 28, Tel.: 9694-200, spsg.de

14482 Potsdam

Vorwahl: 0331

* Nowaweser Weberstube, Karl-Lieb-knecht-Straße 23, Tel.: 500374, nowaweser-weberstube.de

* Schloss Babelsberg, Park Babelsberg 10, Tel.: 9694-200, spsg.de/schloss-babelsberg

14548 Caputh

* Einsteinhaus, Am Waldrand 15–17, Tel.: 0331 / 271780, einsteinsommerhaus.de
* Heimathaus Caputh, Krughof 28, Tel.: 033209 / 71422, heimatvereincaputh.de
* Schloss Caputh, Straße der Einheit 2, Tel.: 033209 / 70345, spsg.de

14548 Geltow

Vorwahl: 03327

* Handweberei Geltow, Am Wasser 19, Tel.: 55272, handweberei-geltow.de

14542 Petzow

Vorwahl: 03327

* Heimatmuseum, Fercher Straße 50, Tel.: 668379, petzow.sun.knuepfer-online.de

14542 Glindow

Vorwahl: 03327

* Heimatmuseum Glindow, Kietz 3, Tel.: 570688, glindow.net
* Ziegeleimuseum, Alpenstraße 44, Tel.: 669395, ziegeleimuseum-glindow.de

14542 Werder (Havel)

Vorwahl: 03327

* Obstbaumuseum, Kirchstraße 6, Tel.: 783374, werder-havel.de

14669 Ketzin
Vorwahl: 033233
* Heimatmuseum, Rathausstraße 18,
  Tel.: 73830, ketzin.de
* Schloss Paretz, Parkring 1,
  Tel.: 736-11, spsg.de/schloss-paretz

14550 Groß Kreutz
Vorwahl: 033207
* Rinderzuchtmuseum, Lehniner
  Straße 9, Tel.: 533055,
  rinderzucht-bb.de

14776 Brandenburg an der Havel
Vorwahl: 03381
* Archäologisches Landesmuseum
  Brandenburg, Neustädtische
  Heidestraße 28, Tel.: 4104112,
  landesmuseum-brandenburg.de
* Dommuseum, Burghof 1, Tel.:
  2112215, dom-brandenburg.de
* Industriemuseum, August-
  Sonntagstraße 5, Tel.: 304646,
  industriemuseum-brandenburg.de
* Museum im Frey-Haus, Ritter-
  straße 96, Tel.: 584501,
  stadt-brandenburg.de
* Museum im Steintorturm,
  Steinstraße, Tel.: 584501,
  stadt-brandenburg.de
* nOstalgie-Museum, An der
  Steinstraße 52, Tel.: 225239,
  stadt-brandenburg.de

14798 Havelsee OT Pritzerbe
Vorwahl: 033834
* Rohrweberei Pritzerbe, Marzahner
  Chaussee 6, Tel.: 50236,
  rohrweberei.de

14715 Milow
Vorwahl: 03386
* Besucherzentrum des Naturparks
  Westhavelland, Stremmestraße 10,
  Tel.: 211227,
  nabu-westhavelland.de

14712 Rathenow
Vorwahl: 03385
* Optik-Industrie-Museum-Rathenow,
  Märkischer Platz 3, Tel.: 519040,
  oimr.de

14715 Schollene
Vorwahl: 039389
* Heimatmuseum Schollene,
  A.-Bebel-Straße 13, Tel.: 232,
  heimatverein.schollene.de

39539 Hansestadt Havelberg
Vorwahl: 039387
* Haus der Flüsse, Elbstraße 2,
  Tel.: 609976, haus-der-fluesse.de

* Prignitz-Museum am Dom
  Havelberg, Domstraße 3,
  Tel.: 21422, prignitz-museum.de

39615 Hansestadt Werben (Elbe)
Vorwahl: 039393
* Heimatstube im Elbtor, Marktplatz
  1, Tel.: 219

19322 Rühstädt
Vorwahl: 038791
* NABU-Besucherzentrum,
  Neuhausstraße 9, Tel.: 98024,
  besucherzentrum-ruehstaedt.de

19322 Wittenberge
Vorwahl: 03877
* Historischer Lokschuppen
  Wittenberge, Am Bahnhof 6,
  Tel.: 0172 / 3142923,
  dennis.kathke@web.de
* Stadtmuseum Alte Burg,
  Pulitzstraße 2, Tel.: 405266,
  sujet.de

Blick über den Schwedtsee

Bett+Bike / **Campingplätze** /
Jugendherbergen
*Kategorien: I = bis 30€/Pers./ÜF
II = 30–50€/Pers./ÜF
III = 50–70€/Pers./ÜF
IV = ab 70€/Pers./ÜF*

17192 Heilbad Waren/Müritz
Vorwahl: 03991
* Hotel Ingeborg, Rosenthalstraße 5,
  Tel.: 61300   III
* Hotel zwischen den Seen, Am Müh-
  lenberg 4, Tel.: 631444   III
* Pension Quartier 11, Große Was-
  serstraße 11, Tel.: 669598   II
* Altstadthotel Goldene Kugel, Große
  Grüne Straße 16,
  Tel.: 61380   I, II
* Hotel am Bahnhof, Bahnhofstra-
  ße 19, Tel.: 731038   II
* Hotel am Müritz-Nationalpark,
  Specker Straße 71, Tel.: 62190   II
* Hotel am Tiefwarensee,
  Wossidlostr. 7, Tel.: 7475100   II
* Hotel „Am Yachthafen", Strand-
  straße 2, Tel.: 67250   III
* Hotel Harmonie, Kietzstraße 16,
  Tel.: 66950   III
* Hotel Kleines Meer, Alter Markt 7,
  Tel.: 6480   III
* Hotel Stadt Waren, Große Burg-
  straße 25, Tel.: 62080   II
* Ringhotel Villa Magarete, Fonta-
  nestraße 11, Tel.: 6250   III
* Pension zum Yachthafen, Rosen-
  thalstraße 13, Tel.: 635783   II

17192 Heilbad Waren/Müritz
* Pension zur Fledermaus, Am Teufelsbruch 1, Tel.: 663293   II

17192 Federow
Vorwahl: 03991
* Hotel und Rest. Gutshaus Federow, Am Park 1, Tel.: 674980

17192 Groß Dratow
Vorwahl: 039934
* Hotel Hochzeitsschmiede, Dorfstraße 5, Tel.: 898134   II

17219 Möllenhagen, Wendorf
Vorwahl: 039921
* Schulbauernhof Paradies, Freidorfer Str. 27a, Tel.: 35110   II
* Hotel Zum Eichenhof, Chaussee 9, Tel.: 5393
* FeWo in Wendorf, Schlossstraße 1, Tel.: 3213

17219 Ankershagen
Vorwahl: 039921
* Pension und Rest. Silberschälchen, Lindenallee 8, Tel.: 3210   II

17237 Pieverstorf
* Ferienhaus Haus Bayha, Dorfstraße 15a, Tel.: 0176 / 22817228   IV

17237 Hartwigsdorf
Vorwahl: 039822
* Ferienhaus Seehaus, Am Kreuzsee 2, Tel.: 298413   I–II

17237 Kratzeburg
Vorwahl: 039822
* FeWo Alte Poststelle, Dorfstraße 24, Tel.: 20322
* Familienferienpark Dambeck, Dambeck 2, Tel.: 20225

* Glasmanufaktur Dalmsdorf, Dalmsdorf 1, Tel.: 296057
* CP Naturfreund, Campingplatz, Tel.: 20285

17237 Granzin
Vorwahl: 039822
* FeWo Töpferhof Steuer, Nr. 4, Tel.: 20242
* Rest. Havelkrug Granzin, Granzin 1, Tel.: 20232

17237 Groß Quassow
Vorwahl: 03981
* Rest. Havelberge, An den Havelbergen 1, Tel.: 247930
* Pens. u. Gasth. Storchennest, Groß Quassow 36, Tel.: 238551
* CP Havelberge, An den Havelbergen 1, Tel.: 24790

17237 Zwenzow
Vorwahl: 03981
* CP Zwenzower Ufer, Großer Labussee, Tel.: 2479-0   I

17252 Blankenförde
Vorwahl: 039829
* Ferienhaus Dürkop, Blankenförde 14, Tel.: 0151 / 16629258   I
* NaturCP Zum Hexenwäldchen, Blankenförde 1 a, Tel.: 20215 I
* FeWo Raus ins Grüne, Dorfstraße 21, Tel.: 22562
* Pension Fischerhaus, Fischerhaus 1, Tel.: 20212

17255 Wesenberg
Vorwahl: 039832
* FeWo Kanu-Mühle, Havelmühle 1, Tel.: 20350

* Familotel Borchard's, Am Labus 12, Tel.: 500
* FeWo Villa Pusteblume, Burgweg 1, Tel.: 21305   II–III
* Pfahlhauscamp, Ahrensberger Weg 11, Tel.: 26023
* CP am Weißen See, Am Weißen See, Tel.: 03981 / 24790

17255 Drosedow
Vorwahl: 039828
* CP am Gobenowsee, Am Gobenowsee 1, Tel.: 20355   I

17255 Wustrow
Vorwahl: 039828
* Hotel u. Waldrest. Johannesruh, Johannesruh 1, Tel.: 20226
* Ferienz. am Plätlinsee, Strasener Chaussee 6, Tel.: 20498
* Pension u. Gaststätte Waldlust, Dorfstraße 10, Tel.: 20529
* Kanufarm am Hegesee, Neu Drosedow 5A, Tel.: 26902
* Kanuverleih Kanuhof Wustrow, Dorfstraße 57a, Tel.: 20083
* Plätlinseecamp Wustrow, Fischerweg 10, Tel.: 20241

17255 Strasen
Vorwahl: 039828
* Hotel & Restaurant Zum Löwen, Schleusengasse 11, Tel.: 20285   II
* Ferienpark am Ellenbogensee, Am Ellenbogensee 1, Tel.: 259150

17255 Priepert
* CP Havelperle, An der Havel 33, Tel.: 039828 / 26504

* Wohnmobilpark Am Großen Priepertsee, An der Freiheit 8, Tel.: 03981 / 204267
* CP am Ziernsee, Tel.: 0391 / 24790

17255 Pelzkuhl
     Am großen Pälitzsee
Vorwahl: 0391
* NaturCP am Großen Pälitzsee, Tel.: 24790

16798 Großmenow
Vorwahl: 033093
* NaturCP am Ellbogensee, Camp am Ellbogensee 1, Tel.: 32173

16798 Steinförde
Vorwahl: 033093
* Gasthaus Haveleck, Steinerne Furth 10, Tel.: 32193

16798 Fürstenberg (Havel)
Vorwahl: 033093
* Hotel Alte Reederei, Brandenburger Str. 38, Tel.: 0172 / 3227421 I–II
* JH Ravensbrück, Straße der Nationen 3, Tel.: 60590
* Fürstenberger Freizeithotel, Bornmühlenstraße 44, Tel.: 37997 I
* Hotel u. Rest. Zur Alten Bornmühle, Zehdenicker Straße 21, Tel.: 39012
* Hotel Villa Ingeborg, Steinförder Straße 20, Tel.: 60799-0   IV
* Pension Haus am See, Steinförder Straße 41, Tel.: 60244
* Pension Tippelt, Goethestraße 3, Tel.: 32007
* CP Am Röblinsee, Röblinsee Nord 1, Tel.: 38278

16798 Himmelpfort
Vorwahl: 033089
* CP Himmelpfort, Am Stolpsee 1,
  Tel.: 41238   I
* Waldhäuser Himmelpfort, Eich-
  berg 7, Tel.: 0151 / 25237050I
* Weihnachtshaus Himmelpfort,
  Klosterstraße 23, Tel.: 41888   I
* Landhaus Himmelpfort am See,
  Eichberg 10, Tel.: 4400
* Ferienanl. am Sidowsee, Fürsten-
  berger Straße 38b,
  Tel.: 0173 / 9965162

16798, Himmelpfort, Pian
Vorwahl: 036832
* Ferienanl. Barbarossa Park,
  Pian 7, Tel.: 601053
* Ferienhaus Himmlisch Himmel-
  pfort, Am Piansee 4, Tel.: 21349

16798 Zootzen
* CP Havelblick, Havelweg 4,
  Tel.: 0173 / 2185578

16798 Bredereiche
Vorwahl: 033087
* Pension Bootshaus Bandelow,
  Dorfstraße 8, Tel.: 52310

16798 Boltenhof
Vorwahl: 033087
* Landhotel Gut Boltenhof, Linden-
  allee 14, Tel.: 52520   II

16775 Seilershof
Vorwahl: 033085
* CP Seilershof, Hauptstraße 28a,
  Tel.: 70311

16798 Tornow
Vorwahl: 033080
* Pension u. Rest. Mühle Tornow,
  Neue Straße 1, Tel.: 404850
* CP am Großen Wentowsee, Rings-
  lebener Straße 2, Tel.: 60420

16792 Burgwall
Vorwahl: 033080
* Pension & Gasth. Zur Fähre,
  Havelstraße 50, Tel.: 60244   II

16792 Mildenberg
Vorwahl: 03307
* Pension Alter Hafen, Ziegelei 11,
  Tel.: 301870
* Pension Wallapoint, Am Wallgraben
  5, Tel.: 420800
* Pension Wolfs Revier, Mildenberger
  Dorfstraße 62, Tel.: 420899   I
* CP freecamper boot, Ziegelei 10,
  Tel.: 039923 / 71626

16792 Zehdenick
Vorwahl: 03307
* Apartment Resort Kormoran,
  Waldstraße 6, Tel.: 470727   I
* Pension & Rest. Neues Vaterland,
  Berliner Straße 31, Tel.: 2219 II
* Herberge Am Dock, Schmelzstra-
  ße 9, Tel.: 4218192   II
* Kormoran Camp, Am Ziegeleistich
  1, Tel.: 470727   I
* Pension & Rest. Am Stadtpark,
  Grünstreifen 19, Tel.: 301620
* Hotel Havelschloss, Schleusen-
  straße 15, Tel.: 4204970   II–III
* Hotel Klement, Berliner Straße 29,
  Tel.: 310081

* Marina Alter Hafen, Ziegelei 11,
  Tel.: 0331 / 87096626

16559 Bischofswerder
Vorwahl: 033054
* Days Hotel Preußischer Hof,
  Bischofswerderweg 12,
  Tel.: 87-0   III

16559 Liebenwalde
Vorwahl: 033054
* Liebenwalder Herberge,
  Breite Straße 2, Tel.: 90772   II
* Gaststätte Mühlenseeschänke,
  Seepromenade 27, Tel.: 64864

16515 Oranienburg
Vorwahl: 03301
* Hotel An Der Havel, Albert-Buch-
  mann-Straße 1, Tel.: 6920   II
* Stadthotel Oranienburg, André-
  Pican-Straße 23,
  Tel.: 03301 / 690-0   IV
* Gasthof Oranjehus, Clara-Zetkin-
  Straße 31, Tel.: 8350972
* Restaurant Balloon, Andre-Pican-
  Straße 42, Tel.: 57381511
* Pension Sonnenburg, Robert-Koch-
  Straße 67, Tel.: 59340
* Waldhaus am Lehnitzsee, Bernauer
  Straße 147, Tel.: 578998
* Motel Havelidyll, Havelhausener
  Brücke 1, Tel.: 530077
* JH Sachsenhausen, Bernauer
  Straße 162, Tel.: 203396

16547 Birkenwerder
Vorwahl: 03303
* Pension Birkenhof, Clara-Zetkin-
  Straße 12, Tel.: 402847   I

* FeWo Villa Weigert, E.-u. J. Rosen-
  bergstraße 10, Tel.: 598668   I–III
* Hotel Andersen, Clara-Zetkin-
  Straße 11, Tel.: 29460
* Restaurant Boddensee, Brieseallee
  20, Tel.: 599944

16540 Hohen Neuendorf
Vorwahl: 03303
* Hotel Zum Grünen Turm, Oranien-
  burger Straße 58, Tel.: 501669
* Hotel Am Lunik Park,
  Stolper Straße 8, Tel.: 2910
* Pension Märchenhaus, Florastraße
  13, Tel.: 505005
* Pension Strammer Max, Schönflie-
  ßer Straße 16, Tel.: 405050
* Wirtshaus an der Niederheide,
  R.-Breitscheid-Str. 25, Tel.: 402346
* Wirtshaus Havelbaude, Goethe-
  straße 41, Tel.: 403005
* Restaurant Himmelspagode,
  Oranienburger Str. 3, Tel.: 21270

16556 Borgsdorf
Vorwahl: 03303
* Hotel Weißer Hirsch, Friedensallee
  2, Tel.: 2148030

16540 Stolpe
Vorwahl: 03303
* Landgasthof Zur Krummen Linde,
  Dorfstraße 5, Tel.: 533633
* Gastst. Stolper Landwirt, Stolper
  Waldstraße 4a, Tel.: 403868

16727 Velten
Vorwahl: 03304
* Gasthaus Zum Weißen Schwan,
  Hohenschöpping 1, Tel.: 502483

16727 Velten
Vorwahl: 03304
* Landhotel Hohenschöpping, Hohenschöpping 2, Tel.: 32151

16761 Hennigsdorf
Vorwahl: 03302
* Hennigsdorfer Hof, Neuendorf-straße 1, Tel.: 86720
* Hotel ibis budget Berlin Hennigsdorf, Veltener Straße 20, Tel.: 505150
* Hotel Wyndham Garden, Fontane-straße 110, Tel.: 8750, III
* Gaststätte Die Buhne, Village Street 26, Tel.: 227047
* Restaurant Skipper am Yachthafen, Am Yachthafen 7, Tel.: 272676

13505 Tegelort
Vorwahl: 030
* Bootshaus Heyer, Friederikestraße 23, Tel.: 4311223 I
* Hotel Havel Lodge, Friederikestraße 33–34, Tel.: 4360010
* Pension-Café Zur Sonne, Edeltrautweg 8A, Tel.: 4311105

13503 Berlin
Vorwahl: 030
* Hotel Haus Dannenberg am See, Alt-Heiligensee 52–54, Tel.: 4313091

13587 Berlin-Spandau
Vorwahl: 030
* VCH-Hotel Christophorus, Schönwalder Allee 26/3, Tel.: 33606-0 II-III

* Berliner Camping Club, Platz Bür-gerablage, Niederneuendorfer Allee 63, Tel.: 3354584

13585 Berlin-Spandau
Vorwahl: 030
* Hotel Brauhaus in Spandau, Neuen-dorfer Straße 1, Tel.: 3539070
* Hotel centrovital, Neuendorfer Straße 25, Tel.: 818750
* Hotel Landhaus Perle, Falkenseer Damm17, Tel.: 33774546

13593 Berlin
Vorwahl: 030
* Gästehaus Quinta, Weinmeister-hornweg 79, Tel.: 30205123

13595 Berlin
Vorwahl: 030
* Hotel-Pension Zeljko, Gatower Straße 89, Tel.: 3623039

13597 Berlin
Vorwahl: 030
* Hostel Berlin Altstadt, Wasserstraße 4, Tel.: 54813021
* Hotel Benn, Ritterstraße 1a + 15, Tel.: 3539270
* Hotel Herbst Berlin, Moritzstraße 20, Tel.: 3537000
* Hotel Lindenufer, Breite Straße 36, Tel.: 3537700
* Hotel Maison, Kolk 10, Tel.: 84113910
* Winters Hotel Berlin Im Spiegel-turm, Freiheit 5, Tel.: 330980

13581 Berlin
Vorwahl: 030
* Hotel ibis Berlin Spandau, Klosterstraße 4, Tel.: 335020

* Pension Burgwall, Spandauer Burgwall 25, Tel.: 3316176

14624 Seeburg
Vorwahl: 033201
* Hotel Havellandhalle, Alte Dorf-straße 32, Tel.: 503000 IV

14089 Gatow
Vorwahl: 030
* Hotel Grüner Baum, Alt-Gatow 6, Tel.: 36432715
* Hotel u. Rest. Kapitän's Kajüte, Alt-Gatow 23, Tel.: 36991648

14193 Berlin
Vorwahl: 030
* Seehotel Grunewald, Straße am Schildhorn 5, Tel.: 3009700

14089 Kladow
Vorwahl: 030
* Apartementhaus Imchens Boar-dinghouse, Imchenallee 46, Tel.: 33936437

14532 Kleinmachnow
Vorwahl: 033203
* Hotel ibis Berlin Dreilinden, Hein-rich-Hertz-Str. 1, Tel.: 8030 III
* Hotel Première Classe Berlin Dreilinden, Heinrich-Hertz-Straße 6, Tel.: 879770

14109 Berlin
Vorwahl: 030
* Hotel Petit am Wannsee, König-straße 10, Tel.: 8069180
* Wirtshaus Halali, Königstraße 24, Tel.: 8053125
* Hotel Villa Blumenfisch am Gro-ßen Wannsee, Am Sandwerder 11–13, Tel.: 80580168

14129 Berlin
Vorwahl: 030
* DJH Jugendherberge Berlin-Am Wannsee, Badeweg 1, Tel.: 8032034

14467 Potsdam
Vorwahl: 0331
* Hotel am Großen Waisenhaus, Lindenstraße 28/29, Tel.: 601078-0 IV
* NH Potsdam, Friedrich-Ebert-Straße 88, Tel.: 2317-0 IV
* Restaurant Garage Du Pont, Berliner Straße 88, Tel.: 87093272
* Inselhotel, Hermannswerder 30, Tel.: 23200
* Hotel Mercure Potsdam City, Lange Brücke, Tel.: 2722
* Pension an der Clinic, Hans-Thoma-Straße 11, Tel.: 279990
* Pension Sanssouci in der Villa Saran, Zeppelinstraße 164a, Tel.: 6208400
* Hotel & Rest. Froschkasten, Kiezstraße 3–4, Tel.: 291315
* Pension an der Havelbucht in Potsdam, Schopenhauerstraße 39, Tel.: 6208400

14469 Potsdam
Vorwahl: 0331
* Hotel Villa Monte Vino, Gregor-Mendel Straße 27, Tel.: 2013339 IV

14471 Potsdam
Vorwahl: 0331
* Königlicher Campingpark Sans-
  souci Potsdam, An der Pirschheide
  41, Tel.: 9510988   I
* Hotel Am Luisenplatz, Luisenplatz
  5, Tel.: 971900   IV
* arcona Hotel Am Havelufer,
  Zeppelinstraße 136, Tel.: 98150
* Hotel Bayrisches Haus,
  Im Wildpark/Elisenweg 2,
  Tel.: 5505-0   IV
* Kongresshotel Potsdam am Templ-
  liner See, Am Luftschiffhafen 1,
  Tel.: 9070
* Pension auf dem Kiewitt, Auf dem
  Kiewitt 8, Tel.: 903678   II
* Seminaris SeeHotel Potsdam, An
  der Pirschheide 40, Tel.: 90900

14482 Potsdam
Vorwahl: 0331
* Pension Zimmer mit Ausblick,
  Lankestr 2, Tel.: 0160 / 1571011
* DJH Potsdam „Haus der Jugend",
  Schulstraße 9, Tel.: 5813100

14548 Geltow
Vorwahl: 03327
* Hotel Landhaus Geliti, Wentorf-
  straße 2, Tel.: 597-0   III
* Landhaus Kempe, Ferdinand-von-
  Schill-Straße 6, Tel.: 55958
* Ferienzimmer Honiggarten
  Schwielowsee, Baumgartenbrück
  8d, Tel.: 0175 / 1263897   I

14548 Schwielowsee
Vorwahl: 03327
* Gaststätte Baumgartenbrück,
  Tel.: 55211
* Gutshof Schwielowsee, Baum-
  gartenbrück 7, Tel.: 573636

14542 Petzow
Vorwahl: 03327
* Blütencamping Riegelspitze,
  Fercher Straße 9 / Ecke B1,
  Tel.: 42397   I

14542 Glindow
Vorwahl: 03327
* FeWo Fehrenberg, Luise-Jahn-
  Straße 16, Tel.: 573137   I

14542 Werder (Havel)
Vorwahl: 03327
* Historische Saftfabrik Lendelhaus,
  Am Markt 21, Tel.: 4620078   III
* Hotel am Markt, Baderstraße 19,
  Tel.: 7419979   III
* Hotel zur Insel, Am Markt 6,
  Tel.: 66160   III
* Hotel Seaside Garden, Resort am
  Schwielowsee, Am Schwielowsee
  117, Tel.: 56960
* Apfelhotel & Gasthaus Granny
  Smith, Glindower Chaussee-
  straße 92, Tel.: 7407550,   I–II
* Hotel Prinz Heinrich, Fischerstraße
  48 B, Tel.: 732060
* Hotel Zum Rittmeister, Seestraße
  9, Tel.: 4646   IV
* Hotel Zur Insel, Am Markt 6,
  Tel.: 66160

* Pension Alfred & Otto, Brandenburger Straße 12, Tel.: 573895
* Restaurant Lendelhaus, Am Markt
  21, Tel.: 4620078

14542 Plötzin
* Mini Camping Van Dams Kirschenhof, Plötziner Chaussee 3,
  Tel.: 0173 / 8839506,
  0651 / 601356

14542 Töplitz
Vorwahl: 033202
* Yachthafenpension Ringel, An der
  Havel 38, Tel.: 60217   I
* Hotel-Restaurant & SPA Mohr, Neu-
  Töplitzer Straße 1, Tel.: 629
* Ferienhäuser am Mühlenberg, Auf
  dem Mühlenberg 4, Tel.: 60351

14669 Ketzin (Havel)
Vorwahl: 033233
* Restaurant & Cafe „An der Fähre",
  An der Fähre 1, Tel.: 80632
* CP Ketzin, Fr.-Ludwig-Jahn-Weg 28,
  Tel.: 80631
* CP Ferienhof - Havelblick,
  Fischerstraße 8, Tel.: 20257
* CP „An der Havel", Fr.-Ludwig-Jahn-
  Weg 33, Tel.: 21150
* CP Tipi-Dorf, Fr.-Ludwig-Jahn-Weg
  31, 03381 / 212199

14669 Paretz
Vorwahl: 033233
* FeWo Pension PARETZHOF,
  Paretzhofer Straße 47, Tel.: 80583
* Storchenhof Paretz, Werder-
  dammstraße 12, Tel.: 73710   II
* FeWo Landhaus Luise, Parkring 23,
  Tel.: 730279   IV

* Restaurant Gotisches Haus,
  Parkring 21, Tel.: 80509

14550 Schmergow
Vorwahl: 033207
* Restaurant Sans Souci, Ziegeleiweg
  17, Tel.: 32594

**14669 Ketzin (Havel),
        Brückenkopf**
Vorwahl: 033233
* Pension Havelidylle, Havelstraße
  21, Tel.: 80695   II

14550 Deetz
Vorwahl: 033207
* Feriendorf Ferien an der Havel, Zur
  Ziegelei 5, Tel.: 56746   I

14550 Götz
Vorwahl: 033207
* Dormotel Havelland, Ringstraße 7,
  Tel.: 30220   III

14550 Groß Kreutz (Havel)
Vorwahl: 033207
* Restaurant Havelstübchen, Zur
  Ziegelei 11, Tel.: 545565

14776 Gollwitz
Vorwahl: 03381
* Pension HavelRADstätte, Schloss-
  allee 81, Tel.: 796084   II
* CP Eden, Straße zum Wasser-
  sportheim, Tel.: 222959

14776 Schmerzke
* Pension Alter Speicher, Altes Dorf
  15, Tel.: 0174 / 1794187   III

14776 Brandenburg an der Havel
Vorwahl: 03381
* Das Feuerwehrhotel Mothes GmbH, Göttiner Landstr. 37, Tel.: 663590
* Hotel Domkonvikt, Krakauer Straße 21–23, Tel.: 522336

14770 Brandenburg an der Havel
Vorwahl: 03381
* FeWo Haveltraum, Zur Kammgarnspinnerei 16, Tel.: 250470   II
* Pension Havelfloß, Altstädtische Fischerstraße 2, Tel.: 269022 II
* Rathaus-Pension 1685, Plauer Straße 13, Tel.: 8047321   II
* Hotel am Molkenmarkt, Molkenmarkt 29/30, Tel.: 3319898   IV
* Sorat Hotel Brandenburg, Altstädtischer Markt 1, Tel.: 5970IV
* Altstadtpension St. Gotthardt, Mühlentorstraße 56, Tel.: 52900
* Hotel Gerono, Magdeburger Straße 12, Tel.: 34090
* Pension Larose, Mühlentorstraße 17, Tel.: 566110   II
* AXXON Hotel, Magdeburger Landstraße 228, Tel.: 3210

14776 Brandenburg an der Havel, Neustadt
Vorwahl: 03381
* Pension zum Birnbaum, Mittelstraße 1, Tel.: 52750   II
* Wassersportzentrum Alte Feuerwache, Franz-Ziegler-Straße 28, Tel.: 222018   I–II

* City Hotel-Pension-Brandenburg, Große Garten Straße 2, Tel.: 325652   II

14776 Brandenburg an der Havel
Vorwahl: 033833
* Bungalowdorf Breitlingsee, Schmöllner Weg 28B, Tel.: 70295

14776 Brandenburg an der Havel
Vorwahl: 03381
* FeWo Gut Wendgräben, Wendgräben 19, Tel.: 665316
* Feriendorf Out of Afrika, Schmöllner Weg 28B, Tel.: 606675
* CP Buhnenhaus, Buhnenhaus 1, Tel.: 6190090
* Seecamp Malge, Malge 3, Tel.: 663134

14789 Wusterwitz
* CP Am See, Am See 24, Tel.: 0176 / 80348259
* CP Böhmer, Am See 24A, Tel.: 0176 / 55157057

14774 Kirchmöser
Vorwahl: 03381
* FeWo Villa am Wendsee, Seestraße 5, Tel.: 804292   I–II
* Gaststätte Zum Angler am Wendsee, Am Seegarten 9, Tel.: 522562

14774 Plaue
Vorwahl: 03381
* Hotel Schloss Plaue, Schlossstraße 27a, Tel.: 285360   III
* Freizeitanlage Margaretenhof, Margaretenhof 1, Tel.: 607791

* Pension Luisenhof, Werderseeufer 30, Tel.: 330748
* Restaurant Zum Fischerufer, Am Seegarten 7, Tel.: 802033
* Villa Lindenhof, Chausseestraße 21, Tel.: 40430
* Pension Am Havelgut, Am Havelgut 12, Tel.: 403369
* Hotel Ikarus, Schleusenweg 2, Tel.: 4044-0   II
* CP am Plauer See, Plauer Landstraße 200, Tel.: 804544

14798 Tieckow
Vorwahl: 033834
* Restaurant Zur Havelmühle, Tieckower Havelstraße 7, Tel.: 50174

14798 Fohrde
Vorwahl: 033834
* Pension Marquardt, Pritzerber Straße 34, Tel.: 50717

14798 Pritzerbe
Vorwahl: 033834
* Ferienanlage Pritzerbe, Vor dem Kietz 8a, Tel.: 401988   I
* Bootshaus & Motel, Havelstraße 24, Tel.: 50479

14798 Kützkow
Vorwahl: 033834
* Erlebnishof Kützkow, Fährstraße 7, Tel.: 51345
* CP an der Unterhavel, Fährstraße 7, Tel.: 51345
* CP Engler, Fährstraße 10, Tel.: 0172 / 312435

14715 Bahnitz
Vorwahl: 033877
* FeWo Brückehaus Bahnitz, Dorfstraße 31, Tel.: 908890

14715 Milow
Vorwahl: 03386
* Gasthof Milow, Stremmestraße 9, Tel.: 21014
* JH Milow Carl Bolle, Friedensstraße 21, Tel.: 280361   I
* Ferienhaus Milow, Stremmestraße 1, Tel.: 0160 / 91002665

14727 Premnitz
Vorwahl: 03386
* FeWo Berger, Heinrich-Heine-Str. 40, Tel.: 2126120   II
* Gasthaus & Pension Retorte, Milower Straße 1, Tel.: 200173
* Hotel Superbowl, Bunsenstraße 24, Tel.: 2122780
* Pension am See, Karl-Liebknecht-Straße 4, Tel.: 210488

14712 Rathenow
Vorwahl: 03385
* Hotel Fürstenhof, Bahnhofstraße 13, Tel.: 558000   IV
* Hotel SONN'IDYLL, Semliner Straße 20, Tel.: 6199820   III
* Pension Märkische Bierstuben, Große Milower Straße 49, Tel.: 512886
* Pension & Gastst. Zum Alten Hafen, Am Alten Hafen 1, Tel.: 4992727
* Pension Paasche, Vor dem Haveltor 8, Tel.: 506040   I
* Pension Tivoli, Karl-Gehrmann-Straße 43D, Tel.: 514101

14712 Rathenow
Vorwahl: 03385
* Pension Zur Alten Stadtmauer, Jederitzer Straße 18, Tel.: 546410
* Pension Zur Havel, Weidenweg 27, Tel.: 509936
* Havelrestaurant Schwedendamm, Schwedendamm 7, Tel.: 515456

14712 Steckelsdorf
Vorwahl: 03385
* CP am STEGGEL, Hauptstraße 72, Tel.: 4995-10   I
* FeWo Steckelsdorf, Haupt-straße 15, Tel.: 589517
* Gasthof Zu den zwei Linden, Haupt-straße 47, Tel.: 513315

14712 Grütz
Vorwahl: 03385
* Gästehaus Havelboot, Dorfplatz 3, Tel.: 511062   II

14715 Ferchels
Vorwahl: 039389
* Naturfreundehaus Ferchels, Ferchels 30, Tel.: 96899   I
* Hopfen-Hof Ferchels, Ferchels 30, Tel.: 96899   II

14715 Schollene
Vorwahl: 039389
* Hotel Haus am See, Am Mühlen-berg 13, Tel.: 96120
* FeWo Altes Gutshaus Nierow, An der Lackfabrik 5, Tel.: 41031   I

14715 Molkenberg
Vorwahl: 039389
* Pension Blaues Haus, Molkenberg 14, Tel.: 96300   I

14715 Gülpe
Vorwahl: 033875
* Pension Kreativoase, Straße am Neubau 4, Tel.: 90305

39539 Warnau
Vorwahl: 039382
* Fischerstube Warnau, Havelweg 7, Tel.: 7377

39539 Garz
Vorwahl: 039382
* Radlerpension Havelhöfe, Alte Kirchstraße 6, Tel.: 417588   I
* Gästehaus zur Schleuse, Ausbau Schleuse 1, Tel.: 7121
* Hafengaststätte Zum Quappen-winkel, Alte Kirchstraße 1a, Tel.: 41063

39539 Kuhlhausen
* Pension Havelberg, Ringstraße 11, Tel.: 0173 / 6493265

39539 Hansestadt Havelberg
Vorwahl: 039387
* Appartement-Pension Elb-Havel-Pension, Genthiner Straße 5, Tel.: 89379   II
* Appartement-Pension Zum Biber, Vor dem Steintor 22, Tel.: 20655   II
* Campinginsel-Havelberg, Spülinsel 6, Tel.: 20655   I
* Erlebnispädagogisches Centrum Havelberg ELCH, Schulstraße 1–2, Tel.: 79325   I
* Gästehaus Held, Wilhelm-Pieck-Ring 15, Tel.: 8581

* Pension Dürkop, Pritzwalker Straße 14, Tel.: 88825   II
* ArtHotel Kiebitzberg, Schönberger Weg 6, Tel.: 595151
* Gasthaus Mühlenholz, Elbstraße 7, Tel.: 59454
* Gasthaus Zur Domtreppe, Weinbergstraße 85A, Tel.: 59538
* Hotel Am Hafen, Bahnhofstraße 39, Tel.: 72870
* Inselpension, Lange Straße 20A, Tel.: 59694
* Pension an der Havel, Havelstraße 51, Tel.: 80990
* Pension Havelblick, Weinberg-straße 74, Tel.: 88402
* Pension Agnieszka, Genthiner Straße 7, Tel.: 0162 / 7982063
* Gasthaus Mühlenholz, Elbstraße 7, Tel.: 59454

39615 Räbel
* FeWo Der Flusshof, Dorfstraße 27, Tel.: 0700 / 35877463

39539 Nitzow
Vorwahl: 039387
* FeWo Havelhof Nitzow, Dorf-straße 26, Tel.: 89760   II–III

39615 Werben
Vorwahl: 039393
* Pension Roter Adler, Marktplatz 13, Tel.: 91044   I
* Hotel Das Deutsche Haus, Seehäuser Straße 10, Tel.: 92939
* CP Werben, Am Schwimmbad 17, Tel.: 225

19336 Quitzöbel
Vorwahl: 038791
* Gasthof Ramin, Am Brink 1, Tel.: 7028
* Fischräucherei Bächer, Havelberger Straße 17, Tel.: 7291

19322 Abbendorf
Vorwahl: 038791
* CP Dörpkrug an Diek, Am Deich 7, Tel.: 723

19322 Rühstädt
Vorwahl: 038791
* Pension & Gasth. Zum Storchenhof, Rühstädter Dorfstraße 11, Tel.: 6642   II
* Hotel Landgasthaus Storchenkrug, Schloss 4, Tel.: 9970
* Schlosshotel Rühstädt, Am Schloss 3, Tel.: 8085-0
* FeWo Zur Alten Mühle, Masche 5, Tel.: 568373

19322 Bälow
Vorwahl: 038791
* Pension & Radlercafé Hof Zander, Bälower Dorfstr. 11, Tel.: 6752   II

19322 Hinzdorf
Vorwahl: 03877
* Restaurant Das Pfannkuchenhaus, Dorfstraße 14, Tel.: 902029

19322 Klein Lüben
Vorwahl: 038791
* FeWo Bauernhof Nickel, An der Kirche 8, Tel.: 79432

19322 Groß Breese
Vorwahl: 03877
* Landhotel Eichenkrug, Groß
  Breeser Allee 5, Tel.:72824

19322 Wittenberge
Vorwahl: 03877
* Hotel Deichhof Garsedow, Dorf-
  straße 5, Tel.: 01520 / 4850959
* Appartement-Hotel, Schillerplatz 1,
  Tel.: 979570
* Hotel Alte Ölmühle, Bad Wilsnacker
  Straße 52, Tel.: 567994600
* Hotel Prignitz, Bismarckplatz 1,
  Tel.: 92870
* Hotel Zur Elbaue, Bahnstraße 107,
  Tel.: 904118
* Jugendgästehaus Wittenberge,
  Perleberger Straße 64, Tel.: 79195
* Pension Schwesig, Lenzener
  Chaussee 19a, Tel.: 66445
* Pension Tollhaus,Perleberger
  Straße 155, Tel.: 71491
* Herberge Wassersportverein
  Wittenberge, Dorfstraße 12,
  Tel.: 403096

Havelbadestelle bei Fürstenberg

Ortsverzeichnis *(im Text fett hervorgehobene Orte)*

Ahrensberg S. 24
Alexandrowka S. 60
Alt Pichelsdorf S. 54
Ankershagen S. 15, 17
Bad Wilsnack S. 102
Bahnitz S. 82, 84
Bälow S. 102
Birkenwerder S. 46
Blankenförde S. 20
Bocksee S. 15
Böhne S. 86
Borgsdorf S. 46
Brandenburg S. 73, 75
Bredereiche S. 31
Briest S. 82
Bürgerablage S. 50
Caputh S. 66
Dannenwalde S. 33
Ellbogensee S. 24
Federow S. 13
Feisnecksee S. 13
Fohrde S. 82
Friedrichsfelde S. 15
Fürstenberg S. 26, 30
Garz S. 92, 95
Gatow S. 54
Geltow S. 66
Germendorf S. 44
Gnevsdorf S. 101
Gollwitz S. 73

Göttlin S. 90
Granzin S. 20
Groß Dratow S. 13, 15
Groß Quassow S. 22
Großmenow S. 26
Grütz S. 90
Havelberg S. 96, 98
Havelquelle S. 17
Himmelpfort S. 30, 31
Hinzdorf S. 102
Jederitz S. 96
Jerchel S. 84
Käbelicksee S. 18
Kakeldütt S. 20
Kargow S. 13
Ketzin S. 70
Kirchmöser S. 80
Kladow S. 54
Klein Dratow S. 15
Klein Glienicke S. 58
Kranepuhl S. 82
Kratzeburg S. 18
Kuhlhausen S. 95
Kützkow S. 82
Lehnitz S. 46
Lehnitzsee S. 41
Liebenwalde S. 38
Malge S. 78
Marienthal S. 35
Mildenberg S. 35

Milow S. 84
Molkenberg S. 92
Müritz S. 10
Müritz Nationalpark S. 12
Neukladow S. 54
Neuschollene S. 92
Neustrelitz S. 9
Neuwerben S. 101
Niederneuendorf S. 50
Nitzow S. 98
Oder-Havel-Kanal S. 38
Oranienburg S. 43
Pagelsee S. 20
Paretz S. 72
Petzow S. 67
Pfaueninsel S. 57
Phöben S. 70
Pieverstorf S. 18
Pirschheide S. 66
Plaue S. 80
Potsdam S. 60
Pritzerbe S. 82
Quitzöbel S. 101
Rathenow S. 86, 90
Ravensbrück S. 30
Regow-Schleuse S. 31
Röblinsee S. 28
Rühstädt S. 102
Sachsenhausen S. 41, 43
Sacrow S. 58

Schmergow S. 71
Schollene S. 92
Schwastorf S. 13
Spandau S. 50, 52
Stechlinsee S. 26
Steckelsdorf S. 90
Tegeler See S. 50
Tegelort S. 50
Tieckow S. 82
Toppel S. 98
Tornow S. 35
Useriner Mühle S. 22

Wannsee S. 55
Waren (Müritz) S. 10
Warnau S. 92
Wendorf S. 15
Wentwowsee S. 35
Werder S. 67, 69
Wesenberg S. 22
Wilhelmsdorf S. 78
Wittenberge S. 102, 104
Woblitzsee S. 22
Zehdenick S. 36
Zwenzow S. 20

Das „Havelschloss" in Zehdenick

Quellen- und Literaturverzeichnis

Axel von Blomberg, Kai-Uwe Thiessenhusen, Berliner Mauerweg, *grünes herz*, Ilmenau 2015

Axel von Blomberg, Potsdamer Radtouren, *grünes herz*, Ilmenau 2012

Manfred Reschke, Die Havel, Natur und Kultur zwischen Müritz und Havelberg. Trescher Verlag, Berlin 2014

Theodor Fontane, Wanderungen durch die Mark Brandenburg, Bände: Havelland; Die Grafschaft Ruppin, Fünf Schlösser, dtv 2006

Horst Vollrath, Bernd Lammel, Die Havel. Geschichten eines Flusses. Ullstein, Berlin 1993

Axel von Blomberg, Am Strom entlang: Fahrradführer Havel, Moby Dick, Kiel 1995

Susan Lamprecht, Lutz Gebhardt, Müritz – Mecklenburgisches Großseenland: Sagen und Geschichten, Demmler Verlag, Schwerin 2002

Birgit Haupt, Hanne Walter, Waltraut Meinow (Hrsg.): Fürstenberg an der Havel – Wasserstadt mit Geschichte(n): Von der besetzten Garnisonstadt zur Touristenidylle. Regia, Cottbus 2005

Stefanie Kreutzer: Einst und Jetzt – Oranienburg. Märkisches Medienhaus, Frankfurt (Oder) 2012

Hartmut Dorgerloh, Michael Scherf, Preußische Schlösser und Residenzen: Königliche Schlösser und Gärten in Berlin und Brandenburg , Deutscher Kunstverlag, Berlin und München 2012

Eugen Gliege, Constanze Gliege, Brandenburg an der Havel in alten Bildern und Geschichten, Verlag Eugen Gliege, Rathenow 2015

Stadt Havelberg (Hrsg.), Havelberg, kleine Stadt mit großer Vergangenheit, Mitteldeutscher Verlag, Halle 1998

Dehio – Das Handbuch der Deutschen Kunstdenkmäler, Deutscher Kunstverlag Berlin und München, Bände Mecklenburg-Vorpommern (2000), Brandenburg (2012) und Berlin (2006)

Empfohlene Karten

Wanderkartenserie Rad-, Wander- und Gewässerkarte Maßstab 1:35.000
grünes herz®
- Doppelkarte Müritz; ISBN 978-3-86636-173-7
- Mirow; ISBN 978-3-86636-111-9
- Wesenberg, Neustrelitz; ISBN 978-3-86636-106-5
- Fürstenberg/Havel, Lychen; ISBN 978-3-86636-105-8
- Set Havelseen (3 Karten); ISBN 978-3-86636-118-8

Fahrradkartenserie, Maßstab 1:75.000
grünes herz®
- Müritz-Nationalpark; ISBN 978-3-86636-084-6
- Land zwischen Rhin und Havel; ISBN 978-3-86636-076-1
- Havelland; ISBN 978-3-86636-071-6

Bestellungen über: Verlag *grünes herz*®
Am Hang 27–28, 98693 Ilmenau • Tel.: 03677 / 46628-10 • Fax: 03677 / 46628-11 • www.gruenes-herz.de • bestellung@vggh.de

→ *Seite 16*

→ *Seite 20*

→ *Seite 28*

Glienicker Brücke

Havelmündung bei Gnevsdorf